다시, 헬조선 경제학

다시, 헬조선 경제학

발 행 | 2022년 10월 19일
저 자 | 안승길 (S.K. AHN)
펴낸이 | 한건희
펴낸곳 | 주식회사 부크크
출판사등록 | 2014.07.15.(제2014-16호)
주 소 | 서울특별시 금천구 가산디지털1로 119 SK트윈타워 A동 305호
전 화 | 1670-8316
이메일 | info@bookk.co.kr

ISBN | 979-11-372-9860-6

www.bookk.co.kr

다시, 헬조선 경제학

다시, 헬조선에서 파라다이스 코리아로
(Paradise Korea)로

나의 부모님께

그리고......그럼에도 불구하고
눈물 속에서 웃음 지으며
오늘의 헬조선을 살아내는
모든 분들께

프롤로그

- 개정판 서문 -

이 책은 2016년 10월에 초판이 나왔으니 꼭 6년 만에 개정판을 내는 것이다. 헬조선을 벗어나나 싶었더니 다시, 헬조선으로 되돌아갈 수도 있겠다는 불길한 예감이 든다. 그래서 이 책의 개정판을 내게 되었다. 사실 개정판이라고 하기에 부끄럽다. 표지를 바꾸고, 오탈자를 수정하고 약간의 내용을 보완한 정도다. 본문의 내용은 암울했던 2016년의 날것 그대로의 내용과 그 당시의 비판 정신을 살리고자 하여 수정을 최소화하였다.(그런데 2016년 당시의 모습은 오늘의 모습과 놀랍도록 유사하다!!) 역사는 반복되고 불행하게도 그때의 비판이 지금도 여전히 유효한 것 같아 서글프다. 몇 년 후에는 좀 더 좋은 하늘 아래에서 『헬조선 경제학, 그 후』라는 3판을 낼 수 있기를 기대한다.

격동의 시대를 오롯이 맨몸으로 살아내시며 못난 아들을 키우시느라 평생 고생하신 어머니·아버지께 사랑과 감사, 그리고 존경의 마음을 전하며 이 책을 시작한다.

2022년 10월
다시, 새벽을 기다리며
일산 서재에서 안 승 길

- 초판 서문 -

세상 모든 것의 경제학을 꿈꾸며

　나는 B급 경제학도다. 아직 경제학자도 아니다.(안타깝지만 아직 박사과정에 진학하지 않았다.)　그냥 경제에 관심이 많고, 세상에 관심이 많은 나는 내 나름대로의 분석의 틀로서 세상을 보고, 공부하고, 자유롭게 생각을 알리고 싶었다.(세상 돌아가는 모습이 이건 좀! 아니다는 생각이 요즘 무지 많이 들었고 세상을 향해 '말'을 하고 싶다는 생각도 들었다. 영화감독도 영화를 통해 세상을 향해 '말'한다고 하지 않던가.) 특히 경제학으로 사회의 모순적 문제들을 풀어낼 수 있다는 데에 매력을 느꼈다.[1] 이 나의 보잘것없는 단견(短見)들을 모은 것이 이 책이다. 졸저다. 아직 내공이 많이 부족하다. 굳이 비유하자면 내 어설픈 생각들을 길가의 좌판에서 팔려고 내놓은 노점상과 같다. 그래도 이러한 나의 글들이 독자들에게 조금이라도 새로운 관점을 제공하는데 작은 보탬이 된다면, 난 행복할 거다.(행복했으면 좋겠다. 무지.)

---

1) "경제학은 정치학과 과학의 장점을 결합한 학문이다. 경제학이 다루는 주제는 사회다. 경제학은 사람들이 어떤 식으로 삶을 영위하고 다른 사람들과 어떻게 서로 영향을 주고받는지 다룬다. 그러나 과학은 냉정함을 가지고 주제에 접근한다. 정치적 문제를 과학적 방법을 적용하여 접근함으로써 경제학은 모든 사회가 직면하는 근본적인 문제를 풀어내는 길을 찾고자 하는 것이다." -『맨큐의 경제학』, N. Gregory Mankiw, 교보문고, 2005 - 저자 서문 중에서

항상 곁에서 응원해주는 사랑하는 가족들에게 감사의 마음을 전하며 이 책을 시작한다.

2016년 10월
새벽을 기다리며
S.K.AHN

차례

제1부

여기, 헬조선의 단상

1장 헬조선 경제학

헬(Hell) 조선(Chosun) - 대한민국의 야만성과 전 근대성을 절묘하게 조합한 단어다. 위키백과에는 다음과 같이 정의되어 있다.

헬조선(Hell朝鮮) - "2010년 1월에 등장한 대한민국의 인터넷 신조어이다. 헬(Hell: 지옥)과 조선의 합성어로 '한국이 지옥에 가깝고 전혀 희망이 없는 사회'라는 의미이다. 또한 한국이 지옥과 비견될 정도로 살기 나쁜 나라라는 의미도 있다. 특정 커뮤니티의 극소수의 네티즌들이 사용했으나 언론이 쓰면서 더 알려지게 되었다.2) -위키백과

---

2) 인터넷 위키백과
https://ko.wikipedia.org/wiki/%ED%97%AC%EC%A1%B0%EC%84%A0

2030세대의 90%가 이민을 가고 싶다고 한다. 최근 한 신문사의 여론조사를 통해 나타난 이 결과는 많은 것을 말해준다. 청년들이 자신들을 떠나가게 만드는 한국사회의 모순점을 '노력해봤자 비정규직, 정규직도 박봉인 취업구조'라고 택한 응답자가 26.2%로 가장 많았다. 2030세대들은 한국 사회의 취업난이 자신들을 가장 힘들게 만들고 있다고 인식하는 거다. 뒤를 이어 '금수저 물고 태어나지 않으면 성공 못하는 계층 간 고착 현상 심화'(24.9%), '교육문제 등 자식세대에게 모순을 대물림하고 싶지 않아서'(23.3%) 등의 응답률이 높아 최근 강화되고 있는 사회·경제적 요소의 세습화에도 2030세대는 큰 문제 의식을 갖고 있는 것으로 조사됐다.[3]

우리나라가 어쩌다 이런 헬조선이 되었을까? 헬조선의 탈출만이 유일한 살길인가? 이러한 헬조선의 단면들을 경제학도의 입장에서 분석해보고 나름의 대안을 제시하고자 한다. 우리나라가 헬조선이 아닌 Paradise Korea로 불리기를 바라는 마음으로 글을 시작한다. 지금부터.

---

[3] '헬조선' 탈출 꿈꾸는 청년들① 2030세대 90% "이민가고 싶다" - 헤럴드경제. 2016. 1. 18.

2장 금수저 / 흙수저의 경제학 - 잘못(?) 태어난 죄

한 젊은이가 있다. 열심히 스펙을 쌓고 어학연수를 다녀오고 학점을 잘 받아도 도무지 취직이 안된다. 일자리가 없다. 청년은 절망하여 신에게 하소연 한다. "제가 도대체 무슨 죄를 지었길래 이런 고통을 주시나요?" 갑자기 신이 나타나 일갈[一喝]한다.

"니 죄를 니가 알렸다.

너의 죄명은……. '흙수저'로 태어난 죄!"

금수저/흙수저론이 유행이다. 소위 수저론은 대한민국에서 2015년 경부터 자주 사용되고 있는 신생 사회 담론이다.

영어 표현인 '은수저를 물고 태어나다.'(born with a silver

spoon in one's mouth)에서 유래한 것이며, 유럽 귀족층에서 은 식기를 사용하고, 태어나자마자 유모가 젖을 은수저로 먹이던 풍습을 빗댄 말이다. 즉, 태어나자마자 부모의 직업, 경제력 등으로 본인의 수저가 결정된다는 이론이다.[4]

집안 좋고 능력 좋은 부모를 만난 자식들은 좋은 환경에서 좋은 교육을 받고 자라 좋은 직장에 척척 들어가고 심지어 없는 자리도 만들어서 가는데, 반대의 경우에는 죽어라 알바해서 학비 벌고 노력해도 취직도 안되고 좌절한다. 안타깝다. 헬조선, 수저론 등은 대한민국이 최근 급격히 신(新) 신분사회로 바뀌고 있는 하나의 징후(徵候)다. 법 앞에 모든 국민이 평등한 대한민국에서 양반 상놈 구분하는 금수저/흙수저의 (헬)조선시대로 되돌아가는 거다. 조선 Dynasty!!! 분명 역(逆)주행이다. 역사의 바퀴가 거꾸로 굴러간다.

신분제는 너무나도 명확한 경제학적 순손실을 가져온다. 개개인의 능력치를 최대한 끌어내는 것이 경제학의 지상목표인데 신분제는 그렇지 못하다. 상·하위층 모두에게 열심히 일할 의욕을 빼앗아 버린다. 상위신분은 본인의 능력치를 최대로 발휘할 이유가 없고 하위 신분은 본인의 최대능력치를 발휘해 볼 기회도 얻지 못한다 (이는 모두 사회적으로 손해다. 사회구성원의 잠재적 가능성의 발현이라는 사회경제적 순익이 사라진다). 결국, 사회 전체적으로 근면·성실하려는 동기적 유인이 사라지고 사회 활력이 감소한다. 경

---

4) 위키백과
  -https://ko.wikipedia.org/wiki/%EC%88%98%EC%A0%80%EB%A1%A0

쟁이 사라지기에 개개인은 능력치를 최대한 발휘할 수 없고(혹은 발휘하지 않고), 계층이동이 없는 폐쇄적 사회에서 희망을 잃는다. 암울하다.

누구나 꿈꾸는 나라의 모습이 이런 모습은 결단코 아닐 것이다. 정직하고 성실한 사람이 존경받는 나라5), 문화의 힘이 한없이 높은 나라6), 엘리트들만의 국가가 아닌 선량한 이들이 대접받는 사회, 다름을 인정하고 약자를 배려하고 공존하는 사회, 폭력 없는 사회. 대다수의 국민들은 이런 나라를 꿈꾸지 않을까? 원하는 모습은 각자 달라도 최소한 '지금 이대로는 안된다. 뭔가 바꿔어야 하고, 바로잡아야 한다.'는 데서는 모두 동의할 거다. 그렇다면 우리는 무엇을 할 수 있을까?

'과오(過誤)를 개혁하려는 자들에게 순교의 횃불을 들어준다는 점에서, 정치는 종교와 같다.7)'

- 김대중 전 대통령

악(惡)을 행하는 것도 정치고 그 악을 바로잡을 수 있는 것도 정치다. 정치가 그 시작이다. 그런 의미에서 정치에서부터 이야기를 시작해보자. Let's go! 헬조선 여행. Welcome to hell gate!

---

5) 故 김근태 전 장관, 옛 홈페이지 인사말 중에서
6) 『백범일지』, 김구 저, 돌베게, 2005.
7) 『김대중 자서전』, 김대중 저, 삼인, 2010. 중에서

3장 정치의 경제학

1) 배신의 경제학 - 공짜 점심은 없다.

한 나라의 수장(대통령)이나 한 조직의 수장이 독선적이고 무서운 사람이면(더욱이 막강한 권한을 가지고 있다면), 과거 진시황이 그랬듯이 주변에 충신은 사라지고 아첨꾼만 남는다. 당연히 독재자는 자신에게 고언(苦言)을 하는 충신을 좋아하지 않는다. 자연히 충신은 숙청되고 주변에는 간신만이 득세한다. 십상시, 환관도 그 예다. 민주적 지도자는 늘 열린 마음으로 반대편 의견을 듣고 토론하고, 그것이 옳다면 받아들이고 노선을 수정하는 등 노력을 한다. 근데 독재적 지도자는 통 그러질 않는다. 그들에게 반대편은 늘 '쳐부수고 제거해야 할 대상'이기 때문이리라. 안타깝지만 상당히 자기중심적이고 폐쇄적인 사고의 결과다.

　권력에 아부하는 간신들만 남으면 그 피해는 고스란히 국민들에게 돌아간다. 간신들이 원하는 건 권력자에게 아부한 만큼의 반대급부로 높은 자리나 물질적 이득, 권력을 얻는 거다. 그렇게 얻은 권력을 휘두르는 대상은 만만하고 힘 없는 백성이다. 세상에 공짜 점심은 없다. 간신들은 권력자에게 아부하고 잘 보이기 위해 행한 노력의 보상심리로 그 몇 배, 몇십 배를 백성의 고혈(膏血)8)을 짜 돌려받으려 할 것이기 때문이다. 그 결과 국민의 혈세는 낭비되고 국고는 탕진된다.

---

8) Daum 국어사전 - 기름과 피라는 뜻으로, 몹시 고생하여 얻은 재물을 이르는 말

권력자는 그것을 알면서도 (혹은 알려고 하지 않는지도 모르겠지만) 간신이 제일의 덕목인 '맹목적 충성', '심기경호' 등을 다하는 이상 (권력자의 심기에 거슬리지 아니하는 이상) 간신을 내치지 않는다. 반대로, 바른말을 하는 충신은 내쳐지고 다 쫓겨난다. 불편하기 때문이다. 그러한 권력자가 강조하는 것은 '의리' 지만 권력이 끝나면 추종자(간신)는 헌 권력을 버리고 새로운 권력을 찾아 홀연히 떠난다. 그들은 갈아타기의 귀재다. 그제서야 권력자는 "배신당했다" 여기지만 때는 늦다. 주변엔 아무도 없다. 혼자다. 가치나 비전, 지향점을 보고 들어온 사람들은 그 가치가 변하지 않는 한 (전향의 경우를 제외하고는) 잘 돌아서지 않지만 권력을 보고 몰려온 자들은 권력이 다하면 끝이다. 그것이 권력의 속성인데 권력자는 그걸 배신으로 느끼는 것이다. Easy come, easy go 에 빗대어 Power makes it to come, No power makes it go 라고 할 수 있겠다.

　따라서 조직의 수장은 권력을 향해 몰려들고 아부하는 사람 대신, 가치·비전을 보고 오는 사람을 중용해야 한다. 독선적이지 않고 소통능력, 공감 능력이 뛰어나야 한다. 신하들이 군주에게 직언(直言)하기를 두려워하면 그 군주는 끝이다. 후폭풍이 무서워 아무도 진실을 얘기하지 않으려 한다. 옛 동화 속 벌거숭이 임금님이 그와 같다.(동화 속에는 무서운 풍자와 진실, 시대를 초월하는 혜안이 있다고 본다. 놀랍지 않은가?) 오늘날 우리의 현실은 어떤가?

2) 세금부담의 경제학 - 여러 사람에게 조금씩 빼앗기

1명에게 1억을 뺏으면 극렬히 저항하지만 1천만 명에게 10원씩 뺏으면 대부분 저항하지 않는다.[9]

제도 경제학의 오랜 격언이자 조세저항 이론의 골격이다. 소수에게 많이 뺏으면 극렬히 저항하지만 다수에게 조금씩 뺏으면 별로 저항하지 않는다. 뺏아온 파이(π)의 양을 합하면 결국 같더라도 말이다. 권력자는 이점을 이용한다. 최대한 보이지 않게 조금씩 세금을 부과하고 그렇게 모은 국고를 알게 모르게 탕진한다. 눈먼 세금, 국민들이 잘 모르는 세금이 그거다.

4대강 사업으로 수십조의 혈세가 낭비(?)되었다고들 하는데 자기 일처럼 분노하고 행동하는 시민은 소수다. 체감지수가 낮기 때문이다. 그래서 세금 감시센터 및 시민단체, 국회, 검찰 그리고 감사원의 역할이 중요하다. 이 기관들이 바로 서야 나라가 바로 선다. 4대강 사업의 경우 공식적으로 알려진 총사업비만 22조인데[10] 우리나라 인구를 4천만이라고 하면 22조 ÷ 4천만 = 5만 5천원. 즉 4대강 사업을 통해 전 국민 모두에게 1인당 최소 5만 5천원씩을 거두어 간 것이라 생각할 수 있다. 4인 가구 기준으로 보면(단순화

---

9) 1억 x 1명= 1억, 1천만 명 x 10원 = 1억으로 같은 금액이다.
10) 네이버 지식백과 시사상식사전 '4대강 사업':
　　http://terms.naver.com/entry.nhn?docId=1847189&cid=43667&categoryId=43667

해서 우리나라 전체가 4인 가구만으로 구성되었다고 가정하면 총 1천만 가구임) 따라서 22조 ÷ 1천만 가구 = 22만원, 즉 1가구당 22만원을 손해(?) 본 것과 같은 효과다. 한집당 22만원씩 털렸단다. 물론 환경파괴, 복구비용 등 부수적 손실을 제외하고서도 말이다. 엄청나지 않은가?

제도경제학자 올슨[11]의 집단선택이론은 이해관계가 많은 이익집단은 특정 사업을 위해 집요한 로비를 하고 그로부터 이득을 쟁취하지만, 이해관계가 없는 대다수의 국민들은 그 피해를 고스란히 떠안는다고 설명한다. 4대강 사업에도 적용이 가능하다. 결국 이익집단이 사업 필요경비를 조달하는 것이 아니라 전 국민의 세금에서 사업 필요경비가 조달되기 때문이다. 더욱이 4대강 사업은 전 국민의 반대여론에도 불구하고 강행한 것이라 명분·실리 모든 면에서 마이너스인 사업이라는 여론이 대다수다.

대안은 뭔가? 대안을 찾는 방법으로 집단선택이론을 그대로 적용해 보자. 의외로 간단하다. 감시집단을 특정화하고 강력한 유인 및 동기를 제공하는 거다. 세금 누수들을 적발하는 시민단체를 육성하고 적발금액의 일정 %를 포상금으로 제공하는 등 제도적 보상 유인을 강화한다. 시민단체, 정부기관, 감사기관 모두에 적용될 수 있다. 또한 공익을 위해 일한다는 명예, 자긍심, 도덕성 등을 고취시킨다. 이는 언론의 역할이다.(지금의 언론 상황에서는 기대하기

---

11) 맨커 올슨 Mancur Olson (1932 ~ 1998) : 미국의 노스다코타주 출생. 집합행위이론을 확립한 경제학자.

힘들 듯...결국 언론이 변해야 한다) 이러한 과정들을 통해 세금의 징수과정과 사용과정이 좀 더 투명화될 수 있다. 선진국이란 어찌 보면 세금의 징수과정이 공정·공평하고 집행과정이 투명한 나라 아닌가. 우리도 투명하자!!

3) 권력의 경제학 – 파레토 최적과 CNN 효과

① 견제와 균형이 사라진 현실 – 파레토 최적[12])은 어디에?

오늘날 우리 사회는 견제와 균형의 원리가 상실됐다. 입법, 사법, 행정, 언론, 경제계 모두 친 재벌(친 자본)화, 보수화되고 있고 다른 목소리를 인정하지 않는다. '절대 권력은 절대 부패한다' - 는 고언처럼 부패의 사례들이 우후죽순처럼 커지고 있다. 언론에 보도되는 것은 빙산의 일각일 것이다. 권력의 주변부에는 그 자리에 있는 한 최대한 챙기려는 기회주의자들이 득세한다.

국민의 주권을 회복하기 위해, 국민에게 권력을 돌려주기 위해

---

12) 파레토 최적은 다른 사람이 불리해지지 않고는 어느 누구도 유리해질 수 없는 상황을 의미한다. 즉 현재의 상태를 바꾸기 위해서는 게임 참여자 중 누군가의 희생이 있어야만 다른 사람이 더 유리해질 수 있는 상황으로, 쉽게 얘기해 일방의 희생이 없는 상태에서 최대 다수의 이익이 극대화된 상태이다. 경쟁적인 시장에서 형성된 균형가격은 파레토 효율성을 보장한다. 반대로 비경쟁적인 시장에서 형성된 가격은 파레토 효율성을 보장하지 못한다. 이는 누구도 손해 보지 않고도 더 나은 상태로 갈 수 있는 상황이라는 것이다. - 네이버 캐스트 파레토 최적
http://navercast.naver.com/contents.nhn?rid=104&contents_id= 4480

의원정수의 확대와 의원내각제가 그 대안일 수 있는데 그에 앞서 사법기관(검찰기관)의 독립이 필수적이다. 대한민국의 검찰이 지금보다 좀 더 민주화되고 자율성을 얻어야 한다.

정당의 경우도 그렇다. 매 선거마다 영호남에서 버려지는 사표가 너무 많고 그 결과 야기된 (수십 년간 이어져 온) 지역 1당 독재가 서울 및 수도권을 제외한 지역(부산, 대구, 광주 등)의 지속적 인구 감소와 더딘 성장, 부패의 원인이 되었다. 경쟁 없는 정당은 자기 발전 유인이 사라져 정체되고 부패한다. 고인물이다.

정치에서 정당한 경쟁이 사라진 상태(영·호남 지역주의, 정부 여당의 독주, 언론[종편]의 보수화 일색, 법원의 보수화 등)는 파레토 최적의 상태가 아니다. 이는 일방의 희생 없이도 더 나은 상태로 충분히 바뀔 수 있는 상황임에도 현재는 그렇게 하고 있지 않다는 뜻이다. 권력을 잡은 쪽에서는 희생이 아님에도 불구하고 아무것도 양보하려 하지 않는다. 작은 그들만의 이익을 위해 국민과 국가의 더 큰 이익을 희생시킨다. 그들만의 이익을 위해 쪽수와 힘으로 일방적으로 밀어붙인다. 여·야의 합의하에 통과된 법률이 얼마나 되는가?13) 정치에서도 적절한 유효 경쟁체제가 도입되어 현 상황보다 충분히 개선이 가능한 상태(파레토 최적의 상태)가 되기를 기대한다. 작은 이익을 위해 더 큰 이익을 희생시키지 말자. (그들에게

---

13) 안타깝게도 테러방지법의 경우 인권침해의 위험성을 알리는 세계최장시간의 필리버스터(무제한 토론을 통한 합법적 의사진행 방해)에도 불구하고 여당 단독으로 통과되었다.

는 단기적으로 경제적 선택일지라도) 결코 장기적으로 국민에게는 경제적 선택이 아니다.

② 권력을 향한 학자, 엘리트, 언론들의 곡학아세 – CNN 효과[14]

늘 교묘한 지식논리로 그럴듯한 혹은 선동적인, 적절하지 못한 비유를 들어 국민여론을 호도하고 지역감정을 부추기고 그로인해 선거에서 큰 이득을 얻는 세력이 있다. 평소 자신들을 비판하던 행동을 위치가 바뀌자 그대로 답습하는 자가당착에 빠지고 또 이를 비난하는 여론을 쉽게 뭉개버린다. 그들에겐 언론과 권력이 있기 때문에 반대여론을 무시해버리고 철면피로 버텨도 그만이다. 종편을 비롯한 보수언론, 신문방송에서 왜곡된 사실을 계속적으로, 반복해서 보도하고 방송하면 국민들은 알게 모르게 그것이 사실인 양 세뇌된다. 소위 말하는 CNN 효과다. 영향력 있는 방송매체에서

---

14) 전 세계의 주요 소식을 실시간으로 전하는 뉴스 전문 방송 CNN이 정치
  ·사회에 미치는 영향력을 나타낸 용어. 원래는 CNN이 1991년 걸프전쟁
  당시 미사일이 쏟아지고 총력전이 난무하던 이라크 바그다드 시내의 모습
  을 실시간으로 생생하게 전하면서 CNN방송을 보느라 두문불출하는 사람
  이 많아지면서 소비가 감소하여 경제적으로 부정적인 현상을 보인 데서
  생겨난 용어다. 하지만 최근에는 미국의 뉴스 전문 유선방송인 CNN이 전
  세계 지구촌의 주요 사건, 사고를 생중계함으로써 해당 국가의 정책 결정,
  때로는 사건의 결과를 좌우하는 현상을 일컫는 용어로 확대됐다. 이 용어
  는 CNN 보도를 통한 뉴스만 접하다 보면 현재 주변 정황은 망각한 채 미
  국이 세뇌하는 논리와 시각에만 빠져버린다는 비판적 시각이 대두되면서
  나타났다. - 박문각 시사상식사전
  http://terms.naver.com/entry.nhn?docId=935925&cid=43667&categoryId=43667

반복 보도하다 보면 종국에는 방송매체가 여론을 만들고 정책을 결정할 만큼의 영향력을 끼친다는 이론이다. 이처럼 거의 모든 채널을 보유하고 있는 보수언론매체들이 정치혐오를 부추기고 정부여당에만 일방적으로 혹은 교묘하게 유리하게 보도하기를 반복한다면 어느새 그것은 사실로 둔갑한다. 여론에 호도되지 않고 진실을 보는 눈, 냉정하게 판단하고 사고하는 능력이 어느 때보다 중요하다. 매의 눈으로 보고 차갑게 사고하자.

③ 권력의 영향력에서 벗어나기 힘든 검찰, 법원 – 유인 찾기
　　(조직 문화와 인사권자)

사람들은 경제적 유인에 반응한다.[15] – 맨큐의 경제학 10대 원리

검찰은 종종 정권의 지시대로 반대 인사들을 탄압하고 민주 시위자들을 잡아들이고 단죄한다는 의심을 받는다. 권력의 유·무형의 지시에 의해 불법을 자행한 것처럼 보이는 사건도 일반인의 법감정과 다르게 무죄가 선고되기도 한다. 왜일까? 그 원인을 경제적 유인에서 찾아보자.

검찰의 문화는 조직을 중심으로 하는 철저한 상명하복·검사동일체 문화다. 조직과 다른 소리를 내면 배신자로 찍히기 쉽다. 또한 조직의 수장인 검찰총장의 인사권자도 (실질적으로는) 대통령이다.

---

15) 『맨큐의 경제학』, N. Gregory Mankiw, 교보문고, 2005, 8p

따라서 조직 내에서의 낙인찍기, 인사상의 불이익 등을 감수하고서
도 소신을 지키기가 어렵다.16) 중요 정치적 사건에서는 담당 검사
가 순차적 인사권자인 부장검사, 지검장, 검찰총장, 법무부 장관(혹
은 민정수석), 대통령 등의 영향력 아래 있는 구조이므로 대통령의
의중이 반영된 수사·기소를 할 수밖에 없으리라 생각된다. 따라서
이러한 유인을 제거해야 검찰이 좀 더 중립적이고 공정하게 수사할
수 있지 않을까?

　구체적으로는 다음과 같다. 첫째, 승진·인사권이라는 유인을 없
애기 위해 검찰조직의 독립성을 강화시켜 행정부 소속이 아닌 별도
독립조직으로 분리해야 한다. 검찰총장을 선거로 뽑거나(지방검사
장은 지역주민이 선거) 여야합의추대로 하도록 못 박고, 그 후 임
기를 절대 보장한다. 둘째, 검사동일체 원칙의 문화를 개선하여 소
신 있게 수사할 수 있는 문화를 만든다. (예를 들면 법 위반이 없
는 한, 상부 지시에 불복하더라도 인사조차나 기타 불이익 조치를
할 수 없도록 법적·제도적으로 보장하는 거다) 그래야 법에 의한,
소신 있는 수사, 기소가 가능하다. 장기적으로는 경찰에 수사권을
이양하고(기소독점권 등 기득권 해소) 검찰의 승진주의·권위주의

---

16) 임은정 검사는 2007년 '공판업무 유공'을 인정받아 검찰총장상을 받고,
　　2012년에는 법무부 '우수 여성 검사'로 선정됐으나, 2012년 과거사 재심
　　사건에서 지휘부의 '백지구형' 지시를 따르지 않고 '무죄구형'을 한 이후 유
　　능한 서울중앙지검 공판검사에서 정직 징계 처분을 받고, 지방검찰청으로
　　전보되고, 승진에도 계속 누락됐다. - 로이슈, 2016. 1. 13
　　또한 최근 한 초임검사가 상관에 대한(부당한 지시·강요로 의심되는) 스트
　　레스로 자살한 사건도 언론에 보도되고 있다.

문화를 청산하여 국민의 검찰로 거듭나기를 기대해본다. 검찰이 바로 서야 나라가 바로 선다.[17]

법원도 마찬가지다. 법원의 상부체제는 결국 인사권자인 각급 지법원장, 대법원장을 거쳐 (궁극적으로는) 대통령이 영향력을 발휘할 수 있는 구조다. 또한 현직에 있을 때 퇴직 이후 취직할 대형로펌을 의식할 수밖에 없는 맹점이 있다. 따라서 이 역시 유인 제거를 위해 판사나 검사의 급여를 대폭 인상하고 연금제 등을 파격적으로 도입하되, 퇴직 후 장기간 로펌 등의 취직을 원천적으로 불허하는 법규를 만드는 방법이 좋다.(경제적인 이유로 재취업하는 유인을 없앰. 물론 사람의 욕심은 끝이 없다는 측면에서는 한계가 있을 수 있지만.) 부수적으로는 판결의 공정성과 독립성을 위해 국민참여재판(배심원제)을 확대하고 판결에 대한 자유로운 비판을 허용하는 것도 필요하다. 판사도 사람인지라 오판(誤判)의 가능성도 항상 있어왔고, 판결은 절대선(絕代善)이 아니기 때문이다.

정리하면, 검찰·법원 개혁의 포인트는 이렇다. 승진·출세·부(富)의 대한 보상요인(경제적 유인)을 명예·정의·공명심이라는 사회·문화적 요인으로 돌리는 것이다. 제도를 바꿔 경제유인을 바꾸면 법질서도 바로잡을 수 있다. 한번 해보자.

---

17) 故 김대중 전 대통령

32

4) 독재국가와 민주복지국가의 경제학
– 게임이론18)으로 본 국민의 충성도

독재정치의 특징은 독재를 인정하지 않고 법치주의를 내세운다는 거다. 자신들을 지원하는 관변단체의 불법적인 행동에 대해선 '적용할 법이 없다.' 혹은 '막을 법적 근거가 없다'는 핑계로 방관·방조한다. 자신들에게 비판적인 단체의 활동에는 무리하게 법을 적용하여 어떻게든 잡아넣고 구속하고 처벌하려 한다. (우리나라의 경우 예를 들면 검찰은 세월호 유가족들의 폭행 건에서는 일반 폭행 사건에서는 거의 청구되지 않는 구속영장을 청구했다가 기각되어 빈축을 샀다. 미네르바의 언론의 자유를 막으려 전기통신법을 무리하게 적용하였다.) 이러한 독재국가(혹은 준 독재국가 – 1당 장기집권 국가)의 국민들은 그 국가에 충성할까? 보통, 국가 총력전이라 부르는 전쟁의 경우를 살펴보자.

'한 나라의 진정한 전력은, 국가가 사회 구성원 전체에게 법 앞의 평등을 구현하고 또 시민 개개인이 국가에 대해 얼마만큼이나 주권을 행사할 수 있는가와 연관된다. 자신이 살고 있는 나라가 특별한 소수만을 위해왔으며 자신의 존재가 한 국가의 주권자로 인정되지 못하는 상황에서는, 자발적인 병역과 희생적인 전의를 끌어낼

---

18) 사람들의 전략적 행동을 연구하는 이론 – 『맨큐의 경제학』, N. Gregory Mankiw, 교보문고, 2005, 402p

수 없다'

- 장정일 『장정일의 공부』[19]

"국가가 나를 위해 존재하지 않는데 내가 국가를 위해 왜 목숨 걸고 싸우겠는가?" - 라는 것이 요지다. 100% 합당한 말이다.

'게임이론' 중 유명한 '용의자의 딜레마 이론'[20]을 여기에 적용해 보자.

〈 독재국가의 국민 고민 모형 〉

국민의 고민 (People's dilemma) / 국가의 고민 (Nation's dilemma)		'나(국민)'의 (국가에 대한) 태도	
		(국가에 대해) 충성	(국가에 대해) 충성 X
국가의 (국민에 대한) 태도	(국민의 삶을) 보장	보통 / 보통	배신감 / 이득
	(국민의 삶을) 보장 X	이득 / 배신감	보통 / 보통

표-1) 독재국가의 국민 고민 모형

---

19) 『장정일의 공부』,장정일 저, 랜덤하우스코리아, 2006. p61~62
20) 용의자의 고민(Prisoner's dilemma) : 두 용의자가 협력하여 서로 유리한 결과를 얻을 수 있음에도 불구하고 이것이 왜 어려운지를 보여주는 게임 상황.

(1) 국가는 국민의 삶을 보장하고, 국민은 국가에 대해 충성을 다한 경우

⇒ 국가 만족도 (보통), 국민 만족도 (보통)

(2) 국가는 국민의 삶을 보장하고, 국민은 국가에 대해 충성을 하지 않는 경우

⇒ 국가 만족도 (배신감), 국민 만족도 (이득)

(3) 국가는 국민의 삶을 보장하지 않고, 국민은 국가에 충성을 다한 경우

⇒ 국가 만족도 (이득), 국민 만족도 (배신감)

(4) 국가는 국민의 삶을 보장하지 않고, 국민은 국가에 충성하지 않은 경우

⇒ 국가 만족도 (보통), 국민 만족도 (보통)

이 경우 국가와 국민이 전략적으로 선택할 수 있는 우월전략[21]은 국가는 국민의 삶을 보장하지 않고 국민은 국가에 충성하지 않는 경우인 (4)번이다.

국가 ⇒ 국민의 삶 보장 X,   국민 ⇒ 국가에 충성 X

이것은 또한 내쉬균형[22]과도 일치한다. 이 모형에서 보는 바와 같

---

21) 우월전략 (Dominant strategy) : 상대방이 어떤 전략을 선택하든 상관없이 자기에게 유리한 전략 –『맨큐의 경제학』, N. Gregory Mankiw, 교보문고, 2005, 404p

22) 내쉬균형 (Nash equilibrium) : 각 게임 참여자가 상대방의 전략을 주어진 것으로 전제하고 이에 대하여 최선의 전략을 선택하여 형성된 균형상태 –『경제학원론』, 이준구·이창용 저, 법문사, 2005.

이 독재국가에서는 국민의 삶을 보장하지 않을 것이고 국민은 국가에 충성하지 않을 것이다. 따라서 전쟁이 나면 충성심으로부터 우러나오는 강한 군사력을 가질 수 없고 전쟁에 패배할 확률이 높아진다..

반대로 민주복지국가의 국민 고민 모형을 살펴보자.

〈 표-2 민주복지국가의 국민 고민 모형 〉

국민의 고민 (People's dilemma) / 국가의 고민 (Nation's dilemma)		'나(국민)'의 (국가에 대한) 태도	
		(국가에 대해) 충성	(국가에 대해) 충성 X
국가의 (국민에 대한) 태도	(국민의 삶을) 보장	보통 / 이득	배신감 / 손해
	(국민의 삶을) 보장 X	어득 / 배신감	보통 / 보통

독재국가와 차이나는 부분은 우선, 국가의 (국민에 대한) 태도이다. 민주국가는 국민의 삶을 보장하므로 국가의 선택지는 '(국민의 삶을) 보장' 하나이다. 다음은 국민의 선택인데, 국민의 삶을 보장해 주는 국가가 전쟁에 져 없어지는 것은 손해다. 따라서 국가에 대한 충성을 통해 그 국가를 지키는 것이 이득이다. 따라서 국민의

선택지는 '충성'이다. 이 경우 국민의 우월전략과 내쉬균형은 '충성'이고 국민의 충성의 힘을 바탕으로 민주국가는 전쟁에서 승리할 수 있다.

이처럼 국민을 위한 진정한 민주국가, 국민주권 국가만이 강력한 군사력을 가질 수 있다. 우리나라는 진정한 민주국가인가? 알 수 없다. 국가가 국민을 위할 때만 위기상황에서 국민으로부터 진정한 자발적 애국심을 이끌어 낼 수 있고, 전쟁에서 이길 수 있다. 링컨의 위대한 연설 – '국민의, 국민에 의한, 국민을 위한 정부가 지상에서 사라지지 않게 하는 것입니다.'[23) 을 곱씹어 볼 필요가 있다. 좋은 정부, 좋은 국가라면 국민은 자신의 국가가 위기에 처할 때 자발적으로 이를 지켜낸다. 우리나라는 어디쯤 와 있는가?

---

23) 'government of the people, by the people, for the people, shall not perish from the earth.' - 링컨 게티스버그 연설 중에서

5) 감시의 경제학 - 빅브라더, 빅데이터의 시대와 감시사찰기구

조지오웰이야말로 노스트라다무스이며 진정한 예언가이다.

① 감시사회

빅브라더24)의 시대가 왔다. 빅데이터25)의 시대도 이와 다르지 않은 이름이다. 개인 휴대전화, 메일, 카톡, 메신저, 신용카드, 컴퓨터, 출입카드, CCTV 등을 통해 개인 사생활의 거의 모든 것을 알아낼 수 있는 시대가 왔다. 심지어 부모보다 대형마트가 딸의 임신 사실을 먼저 알기도 한다.26) 산골에서 은둔생활을 하는 사람이 아닌 이상 현대 정보 네트워크의 그물에서 벗어날 수 있는 사람은

---

24) 정보의 독점으로 사회를 통제하는 관리 권력, 혹은 그러한 사회체계를 일컫는 말. 사회학적 통찰과 풍자로 유명한 영국의 소설가 조지 오웰(George Orwell, 1903~1950)의 소설 《1984년》에서 비롯된 용어이다. 긍정적 의미로는 선의 목적으로 사회를 돌보는 보호적 감시, 부정적 의미로는 음모론에 입각한 권력자들의 사회통제 수단을 말한다. -네이버 지식백과 두산백과 http://terms.naver.com/entry.nhn?docId=1222559&cid=40942&categoryId=31614

25) '가치를 생성할 수 있는 데이터' 혹은 디지털 환경에서 생성되는 데이터로 그 규모가 방대하고, 생성 주기도 짧고, 형태도 수치 데이터뿐 아니라 문자와 영상 데이터를 포함하는 대규모 데이터를 말한다. 빅데이터 환경은 과거에 비해 데이터의 양이 폭증했다는 점과 함께 데이터의 종류도 다양해져 사람들의 행동은 물론 위치정보와 SNS를 통해 생각과 의견까지 분석하고 예측할 수 있다. 즉 빅데이터는 단순히 대용량 데이터 그 자체만을 지칭하는 것이 아니라 그 데이터를 효과적으로 처리하고 분석할 수 있는 기술에 더 초점을 둔 용어라고 할 수 있다.
 - 네이버 지식백과 빅데이터 정의 (빅데이터, 2013. 2. 25., 커뮤니케이션북스)

26) 한겨레신문 '부모도 모르는 딸의 임신, 대형마트는 알고 있다' 2016. 2. 11 http://www.hani.co.kr/arti/economy/economy_general/729868.html?_fr=mt2

거의 없다. 실시간으로 일거수일투족이 보고되고 감시된다. 어디에나 카메라가 있고 모든 행위는 기록되어 남는다. 따라서 사람들은 불안해하고 행동거지를 조심하게 된다. 신상은 털리기는 쉽고 개인정보를 보호하고 지키기는 점점 더 어려워진다.

'구조화된 차별'은 빅데이터 시대의 가장 큰 위험으로 꼽는다. 당신도 알지 못하는 사이에 당신의 경제적 사정에 대해 속속들이 알아차린 기업들이 대형마트 할인쿠폰과 같은 경제적 기회를 아예 박탈할 위험이 적지 않다.27) 또한 중요한 우려 중의 하나가 정보 왜곡이다. 디지털 정보는 조작·변조가 쉽기 때문에 언제든 변형·왜곡이 가능하다. 따라서 변형된 정보를 바탕으로 억울한 누명을 쓸 수도 있고, 개인의학정보가 해킹/변조되어 부적합 약물 투여 등으로 사망케 할 수도 있다. 또한 네트워크의 마비로 한 도시나 국가 전체가 일시에 마비될 수도 있다. 빅브라더스의 시대는 디스토피아이다. 우울한 시대가 다가오고 있는 것이다.

대안은 무엇인가? 한국법제연구원이 2014년 펴낸 '빅데이터 법제에 관한 비교법적 연구' 보고서를 보면, 영국·일본·독일 등 주요 정보선진국들은 개인정보 수집에 앞서 사전 동의를 의무화하고 있다.28) 우리도 사전에 문제발생 가능성을 차단한다는 점에서 사전 동의제를 의무화하고 이와 동시에 문제 발생 시 징벌적 배상제, 집단 소송제 등 사후조치 등도 광범위하게 인정하여야 한다. 개인의

---

27) 상동
28) 상동

정보를 기업 및 국가로부터 보호해야 한다. 서로가 서로를 감시하는 감시사회·감시국가, 그 악순환을 만들지 말자.

② 무소불위의 정보기관

일반적으로 국가의 정보기관은 권력자의 필수 권력유지 수단이다. 타 국가와의 첩보전에 주력해야 할 기관이 오히려 국민을 사찰하고, 정부에 비판적인 자를 감시/처벌한다. 시대가 변해 테러방지라는 미명으로 정보를 더욱 광범위하게 수집하고 경찰력 및 군대까지 동원한다. 무소불위의 권력이다. 그 칼끝은 국민과 정부비판세력을 향한다. 구실은 언제든 갖다 붙일 수 있다. 종북세력, 간첩, 빨갱이, 테러방지 등 좋은 구실거리가 많다. 정보기관이 권력화되고 큰 힘을 가질수록 국민들은 그 위세에 떨고 민주주의는 후퇴한다. 그들은 국가와 국민을 위해서 일하지 않는다. 오직 '정권', '권력자'의 안녕을 위해 일할 뿐이다. 그리고 그에 대한 대가로 권력자로부터 큰 보상과 자리를 보전받는다.

한국에도 파시즘이 다가올 수 있다. 파시즘의 중심에는 늘 무소불위의 정보기관이 있었다. 히틀러의 SS(나치 친위대)29) 및 비밀경

---

29) 나치스 친위대 (Schutzstaffel, ―親衛隊) : 히틀러의 개인 친위대이자 정보, 준 군사조직으로 국내외 정보수집, 첩보활동, 경찰활동 등을 수행하였다. 1925년 4월 아돌프 히틀러(Adolf Hitler)의 소규모 개인 경호대로 창설했다. 나치스 무장조직으로 독일과 유럽을 정복하려던 히틀러의 계획을 실행하는 데 큰 역할을 했다. - 네이버 두산백과
http://terms.naver.com/entry.nhn?docId=1166241&cid=40942&categoryId=31747

찰 게쉬타포30), 그리고 구 소련의 KGB31) 등이 그러했다. 이들은 온갖 악행과 인권탄압의 대명사가 되었고 훗날 국민들의 지탄의 대상이 되었다. 정보기관의 권위와 권력이 비대해지고 강해질수록 국민의 인권과 권리는 반비례하여 줄어든다. 대한민국의 정보기관은 권력의 편이 아닌 국민의 편이기를 간절히 바란다.

6) 정의의 경제학 - 정의, 그리고 경제정의

몇 년 전 마이클 샌델의 '정의론' 열풍, 2012년 대선 이후 불어 닥친 '레미제라블' 열풍. 이 모든 것은 부정의한 오늘날의 현실에 대한 반발 현상이 아닐까? 국정원의 불법선거운동이 정치개입은 맞지만 선거개입은 아니다 -는 판결32)에 국민들은 의아해한다. 항상 부정의는 정의의 이름으로 포장되어왔다. 힘이 곧 정의라 생각할 수도 있지만, 그 사회의 약자가 얼마나 대우받고 사는가 - 가 정의

---

30) 정식명칭은 비밀국가경찰(Geheime Staatspolizei)이다. SS와 더불어 체제 강화를 위하여 위력을 발휘한 국가권력기구이다. 체제 강화와 국가위험에 대한 수사와 단속업무를 수행하였다. - 네이버 두산백과
http://terms.naver.com/entry.nhn?docId=1059131&cid=40942&categoryId=31690
31) 소련이 국가권력을 유지하기 위해 소련 국민과 외국인의 활동을 감시·통제하던 비밀경찰 및 첩보조직이다. 첩보 및 방첩 활동, 보안 활동, 감시와 통제 등 국가안보에 관련된 모든 분야를 수행하였다. - 네이버 두산백과
http://terms.naver.com/entry.nhn?docId=1148804&cid=40942&categoryId=33468
32) 정치개입은 맞지만 선거개입은 아니다? - 국제신문 2014. 9. 12
['원세훈 선거법 위반' 파기환송] '2심 결정적 증거' 외면한 대법원, 1심 판결 손들어줬다 - 경향신문 2015. 7. 17

로운 사회의 판가름 기준이라고 본다. (그런 의미에서 대한민국은 아직 멀었다)

정의에 관한 한 독보적인 업적을 쌓은 존 롤스의 '정의론'도 같은 입장이다. 계약 당사자들이 자신들의 사회적 지위나 타인과의 모든 차이에 대해 전혀 모르는 무지의 베일에 가려 있는 상태에서 합의에 참여하는 개인들은 합리적이면서 동시에 이기적인 존재로서 도덕적 인격과 권리, 기회, 자유, 협동 등과 같은 사회적 기본 가치에 대해서는 알고 있다고 가정하자. 이러한 상황에서 계약자들이 맺게 되는 계약은 자신의 이익을 극대화하는 것이 아니라 피해를 최소화하는 원리를 담게 되고 이 원리로부터 모든 사람은 자유에 대한 동등한 권리를 갖는다는 자유 우선성의 원칙과 최소 수혜자에게 최대한의 이익을 보장하고 불평등의 원인이 모든 사람에게 균등하게 열려 있어야 한다는 차등의 원칙이 도출된다. 좀 길긴 하지만 이것이 롤스 정의론의 핵심이다.33) 최소 수혜자에게 최대한의 이익을 보장해야 한다는 것 - 즉, 사회의 가장 약자에게 (사회의 공동이익을 해하지 않는 범위 내에서) 최대한의 권리를 보장해 주어야 한다는 거다. 우리는 언제든 최약소 계층으로 전락할 수 있다. 실직이든 사고든 누구에게나 가능성은 열려 있다. 따라서 사회의 최소한의 보험·보장으로서의 롤스의 정의의 개념을 도입할 필요가 있다.

---

33) 네이버 지식백과 - 두산 백과 정의론
  http://terms.naver.com/entry.nhn?docId=1204384&cid=40942&categoryId=31532

경제에도 정의 개념이 있다. 경제정의지수가 대표적이다. 경제정의실천시민연합 부설 경제정의연구소(KEJI)가 평가하는 기업활동의 사회기여도 지수가 그것이다. KEJI는 바람직한 기업이 갖추어야 할 요건으로 ① 기술혁신 ② 환경오염 방지 ③ 노사화합 ④ 고객만족 ⑤ 사회공동체로의 활동 ⑥ 경영전문화 ⑦ 본업에 대한 성실성 ⑧ 준법정신 ⑨ 건전한 재무구조 ⑩ 경제발전에 대한 기여 등 10가지 기준을 설정하고 기업활동의 건전성 및 공정성, 사회봉사 및 소비자보호 기여도, 환경보호 만족도, 종업원 만족도, 경제발전 기여도 등 6개 평가항목 45개의 평가지표와 9개의 고려지표를 설정, 점수를 부여하는데, 이 점수가 경제정의지수다.[34]

경제에서의 정의도 정치에서의 정의와 크게 다르지 않다. 정치란 결국 희소한 경제자원을 배분하는 과정이기 때문이다. 그런 의미에서 사회 최약소 계층에 (합리적 범위 내에서) 최대한 많은 '경제적' 혜택이 돌아가게 하는 것, 그것이 경제정의라 생각한다.

7) 지역 차별과 정치 혐오의 경제학

- 소비자에 의해 차별되고 정부에 의해 확대 재생산되는 차별, 그리고 정치 혐오

---

34) 네이버 지식백과 – 경제정의지수, 매일경제
http://terms.naver.com/entry.nhn?docId=1626&cid=43659&categoryId=43659

오늘의 지역 차별은 호남차별, 호남 비하 등으로 대표된다. 그 시초에 대해 삼국시대의 백제에 대한 신라의 오랜 감정을 얘기하는 이도 있고, 고려 태조 왕건의 훈요 10조 중 호남지역의 인재를 등용하지 말 것을 얘기하는 이도 있지만, 정설은 박정희 정권 때의 의도적인 지역 차별 강제가 그 직접적인 시작이었고, 전두환 정권 때의 광주학살, 그리고 노태우 정권 때의 3당 합당 등이 결합되어 호남이 고립되고 지역 차별이 강화되어 왔다고 한다. 그래서인지 몰라도 호남지역의 결속력은 생각 이상으로 강하다. 사람들은 소위 말하는 결속력이 강한 대한민국 3대 조직으로 해병대 전우회, 고려대 교우회와 더불어 호남 향우회를 꼽는다. 원래 지역결속력이 강한데다가 시대적 아픔, 정치적 풍파를 겪으면서 더욱 결속력이 강해지고 동질감이 강화된 것이라 본다.

지역 패권세력은 지역감정을 자극해 소수지역에 대한 적개심을 부추기면서 다수지역의 묻지마 몰표를 받고 있고, 이를 토대로 매 선거에서 연승하며 패권을 유지하고 있다. 물론, 다수지역의 극소수 특권층을 제외한 대다수의 사람들은 아무런 혜택을 누리지 못한다. 표를 주어도 직접적으로 돌아오는 것은 (쪽지 예산 등을 통한 지역구 예산 땡기기를 제외하고 – 그러나 이마저도 대다수 시민의 삶에는 큰 도움이 되지 않는다. 일부 토건업자와 집, 부동산을 소유한 일부 상류층에게만 혜택이 돌아가기 때문이다.) 지역민에 대한 무시뿐이다. 막대기만 꽂아도 당선된다고 하는 판국이니 지역민을 얼마나 낮추어 보겠는가.

흔히 사용되는 이야기로 소위 '잡은 물고기에는 먹이를 주지 않는다.'는 말이 있다. 선거에서도 마찬가지다. 묻지마 지지를 하는 이상 지역민들은 잡은 물고기에 다름없다. 그러니 더 이상 먹이를 주지 않고 선거 때마다 적개심만 부추기고 지역 유권자를 우습게 안다. 그나마 자유경쟁이 이루어지는 수도권, 충청권이 영/호남보다 발전하는 이유도 여기에 있는 듯하다.

경제학의 틀로서도 분석이 가능하다. 경제학에서 말하는 노동시장의 이론 중 '소비자와 정부에 의한 차별'[35]이라는 것이 있다. 예를 들어 식당 주인의 입장에서는 웨이터를 뽑을 때 흑인이든 백인이든 일 잘하는 사람을 뽑을 뿐이지만 백인 웨이터의 접대를 받고 싶어 하는 백인 손님이 대다수라면 식당 주인은 당연히 흑인을 고용하지 않는다. 또는 정부가 흑인을 고용하지 말 것을 법으로 규제한다면 식당 주인은 어쩔 수 없이 백인 웨이터만 고용할 것이다. 지역 차별의 논리도 이와 마찬가지다. 지역 유권자가 지역당 출신 유권자를 원하므로(뽑아주기 때문에)[36] 지역 1당 구조가 계속된다.

---

35) 『맨큐의 경제학』, N. Gregory Mankiw, 교보문고, 2005, 484p 19.2.3. 소비자와 정부에 의한 차별

36) 통상 선거기간에 지역민들이 지역당을 뽑는 이유를 물어보는 르포 기사를 보면 뽑는 이유는 '의리를 지키기 위해서, 그래도 우리 지역을 대표하는 당이므로, 뭔가 지역발전에 도움이 될 것 같아서' 등이다. 실질적인 이해관계에 의해 투표를 하기보다는 막연한 정서, 동질감을 기반으로 행하는 '묻지마 투표'의 행태가 농후하다. "50대 택시 기사 윤 모 씨는 PK 지역이 야성이 강한 지역이지만 새누리 후보를 누를 정도는 안 된다고 강조했다. 이유를 물었더니 윤 씨는 "여기 다 다녀보이소. 경상도 사람들은 의리 아니면 시체라예. 새누리당이 경상도 정당 아닙니꺼. 경상도 사람이 경상도 정당 밀어줘야지"라고 한다 – 시사온,2016.2.10.,

여기에 더하여 '정부에 의한 차별'(정부 요직에 특정지역 출신을 잘 기용하지 않는 것)으로 확대 재생산되어 고착화 된다. 따라서 일차적으로 유권자가 바뀌어야 하고 정부도 지역 차별 없이 지역별로 균형 있게 인재를 선발해야 한다.

정부에 의한 차별은 다른 국가에서도 사례가 많다. 소수민족을 탄압하며 그쪽으로 다수의 분노를 돌리면서 정부의 실정을 희석시키는 나쁜 정치전략이다. 대표적인 것이 스페인의 바스크 지방 차별과 독일의 유대인 학살이다. 정치전략으로서는 효과적일지는 몰라도 장기적으로 상당한 후유증을 동반하는 '악의 정책'이다. 지역 일당독재를 막는 것, 균열을 깨고 타 당 후보가 당선되니 더 잘하더라 - 는 인식이 퍼질 때(지역 시민들이 체감할 때) 지역주의적 투표행태는 점차 사라질 것이다. 지역당이 아닌 다른 당에도 일할 기회를 주자. 경쟁시켜주자. 독점보다는 경쟁. 그러면 그 과실은 소비자(유권자)에게 돌아온다..

이번에는 투표에 대해 이야기해보자. 정치불신, 정치 혐오가 심해져서 그런지 투표율은 약간씩 낮아지는 추세를 보이고 있다 (싱거운 승부가 예상되던 선거에는 투표율이 확 낮아진다. 반면 지방선거의 투표율은 조금씩 높아지고 있어 그나마 고무적이다.) 젊은 층의 투표율은 점점 낮아지는 데다 정치 불신, 정치 혐오의 모습이

http://www.sisaon.co.kr/news/articleView.html?idxno=40925

보여지고 있다.37) 중앙선거관리위원회에 따르면 2012년 총선투표율 중 20대 후반은 37.9%로 최저치를 기록했다. 2008년 18대 총선에서도 20대와 30대 투표율은 각각 28.1%, 35.5%를 기록했다. 17대 총선에서는 30대 후반(59.8%), 30대 전반(53.2%), 20대 전반(46.0%), 20대 후반이 43.3% 순으로 나타났다. 이러한 낮은 투표율은 저질 또는 부적합한 정치인의 탄생을 낳고, 이것은 정치문화의 퇴행을 야기한다. 궁극적으로 국가의 발전이나 성장을 가로막는다.

---

37) 젊은이들이 많이 모인다는 서면에서는 다시 한번 정치 혐오를 발견할 수 있었다. 롯데백화점 앞에서 만난 20대 남성은 '먹고 살기도 바쁜데 무슨 정치 이야기냐'는 반응을 보였다. "우리 지역에 누가 나오는지도 몰라예. 알고 싶지도 않고." 친구들과 정치 이야기를 나누지 않느냐고 묻자, 그는 비웃듯 대답했다. "기자님 정치 기자지요? 그러니까 정치 이야기하는 사람 많이 보시는갑지. 요 앞에 대학 같은 데 가서 물어보이소. 관심 있는 사람 하나도 없십니더. 간혹 술자리에서 정치 이야기하는 아이들이 있긴 한데, 술맛 떨어지게 한다고 욕만 먹어예. 요새 정치 얘기 아무도 안 합니더. 다 그놈이 그놈인데 뭐." - 시사온, 2016. 2.10
http://www.sisaon.co.kr/news/articleView.html?idxno=40925

〈 역대 선거 투표율 〉

년도	대선	총선	지방선거
1997년 대선	80.7%	-	-
2000년 총선	-	57.2%	-
2002년 지방선거	-	-	48.9%
2002년 대선	70.8%	-	-
2004년 총선	-	60.6%	-
2006년 지방선거	-	-	51.6%
2007년 대선	63.0%	-	-
2008년 총선	-	46.1%	-
2010년 지방선거	-	-	54.5%
2012년 총선	-	54.2%	-
2012년 대선	75.8%	-	-
2014년 지방선거	-	-	56.8%
2016년 총선		58%	
2017년 대선	77.2%		
2018년 지방선거			60.2%
2020년 총선		66.2%	
2022년 대선	77.1%		
2022년 지방선거			50.9%

표-3) 역대 선거 투표율

    사람들은 정치에 관심 있는 사람을 '정치적'이니, '꼰대'니 하며 부정적으로 보기 십상이다. 또한 정치에 무관심하거나 '다 그놈이 그놈이다'는 양비론을 주장하며 '쿨'한 사람인 척한다. 정치 무관심이 자랑인 것처럼 생각하는 사회에는 희망이 없다. 투표해야 비판

48

할 자격이 생긴다. 정치 무관심을 유도하고 부추기는 자들은 가장 부패하고, 경쟁력 없는 자들이다. 국민들이 정치에 관심을 가지고 참여할수록 자신들의 부패와 무능이 드러나기 때문이다. 그들이 원하는 것은 정치 혐오, 무관심 속에서 적당히 당선되는 것이다.

정치 무관심층이 가장 많이 하는 얘기가 '먹고살기 힘든데 정치는 무슨 정치. 관심 없다.'(무관심형)거나, '다 그놈이 그놈이고 똑같이 나쁜 놈들이다.'(양비론형)다. 그러나 먹고살기 힘든 현실을 바꿀 수 있는 것도 정치고 나쁜 놈들 중에 덜 나쁜 놈을 뽑는 것이 정치다. 그래야 정치가 발전하고 먹고살기가 조금이라도 나아진다.

대안은 다음과 같다. 제도적으로 일부 다른 국가들처럼 의무투표제를 도입하여 정당한 사유 없이 미투표 시 벌금을 부과하는 제도를 도입한다. 사표 발생률이 높은 현행 소선구제보다는 사표방지율이 높은 비례대표제를 확대 도입한다. 실제로도 비례대표제도를 택한 나라가 투표율이 더 높다고 한다. 자기가 투표한 표가 사표가 되지 않는다면 분명 더 많은 사람이 투표할 것이다. 투표하고, 참여하여, 바꾸자.

투표에 관한 명언 몇 가지를 소개한다.

'투표는 총알보다 강하다.'
(The ballot is stronger than bullet)
　　　　　　　　　　　- 에이브러햄 링컨 (Abraham Lincoln)

'정치에 참여하지 않는 데 대한 가장 큰 벌은 가장 저질스러운 인간들에게 지배당하는 것이다.'

- 플라톤 (Platon)

'지옥에서 가장 뜨거운 자리는 정치적 격변기에 중립을 지킨 자들을 위해 예비되어 있다. 기권은 중립이 아니다. 암묵적 동조이다.'

- 단테 (Alighieri Dante)

'모든 국민은, 자신들의 수준에 맞는 정부를 가진다.'

- 알렉시스 드 토크빌 (Alexis de Tocqueville)[38]

'선거란, 누구를 뽑기 위해서가 아니라, 누구를 뽑지 않기 위해 투표하는 것이다.'

- 플랭클린 P. 애덤스 (Franklin P. Adams)

---

38) 알렉시스 드 토크빌 (1805년 ~ 1859년) : 프랑스의 정치철학자, 역사가로 '미국의 민주주의'와 '구체제와 프랑스 혁명'이라는 책을 남겼다 – 위키백과
https://ko.wikipedia.org/wiki/%EC%95%8C%EB%A0%89%EC%8B%9C_%EB%93
%9C_%ED%86%A0%ED%81%AC%EB%B9%8C

8) 프레임의 경제학 - '삼인성호(三人成虎)'와 '낙인효과(烙印效果)'

친노 프레임, 종북 프레임이라는 말이 흔히 사용된다. 부정적 느낌을 덧씌운듯한 이러한 어휘를 언론에서 흔히 들어보았을 것이다. 이번 파트에서는 이러한 규정짓기, 덧씌우기의 상징 '프레임'에 대해 알아보자. 우선, 인터넷에서 찾은 프레임의 정의는 다음과 같다.(이하 인터넷 원용)

'틀'이라는 뜻으로 여러 의미가 있으나, 언론 보도와 관련해 가장 많이 쓰이고 있다. 미국의 미디어 연구자인 토드 기틀린은 프레임 개념을 원용하여 매스미디어의 보도가 '프레임'에 갇혀 있으며 바로 그러한 '프레임' 자체가 이데올로기적 효과를 갖는다고 주장했다. 기틀린은 '프레임'을 "상징 조작자가 상례적으로 언어적 또는 영상적 담화를 조직하는 근거로 삼는 인식, 해석, 제시, 선별, 강조, 배제 등의 지속적인 유형"이라고 정의했다. 그간 프레임은 학계에서만 사용됐으나, 2006년 4월 미국 언어학자 조지 레이코프의 저서 『코끼리는 생각하지 마: 미국 진보세력은 왜 선거에서 패배하는가』가 국내에 번역·출간돼 국회의원들이 가장 많이 읽은 책이 되는 등 세간의 주목을 받으면서 저널리즘에서도 널리 쓰이게 되었다.

레이코프는 "어떤 사람에게 '코끼리를 생각하지 말라'고 말하면 그 사람은 코끼리를 떠올릴 것이다"며 "상대편의 프레임을 단순히 부정하는 것은 단지 그 프레임을 강화할 뿐이다"고 주장했다. 레이코프는 "프레임이란 우리가 세상을 바라보는 방식을 형성하는 정신적 구조물이다. 프레임은 우리가 추구하는 목적, 우리가 짜는 계획, 우리가 행동하는 방식, 그리고 우리 행동이 좋고 나쁜 결과를 결정한다. 정치에서 프레임은 사회 정책과 그 정책을 수행하고자 수립하는 제도를 형성한다."며 다음과 같이 주장했다.

"'진실이 너희를 자유롭게 하리라'는 것은 진보주의자들이 믿는 흔한 속설이다. 만약 바깥 세계에서 벌어지는 사실들 모두를 대중의 눈앞에 보여준다면, 합리적인 사람들은 모두 올바른 결론에 도달할 것이다. 그러나 이는 헛된 희망이다. 인간의 두뇌는 그런 식으로 작동하지 않는다. 중요한 것은 프레임이다. 한번 자리 잡은 프레임은 웬만해서는 내쫓기 힘들다."

레이코프는 유권자들의 표심을 가르는 것은 진실이나 훌륭한 대안·정책의 상세 목록들이 아니라 가치와 인간적 유대, 진정성, 신뢰, 정체성이라고 말했다. 프레임은 광고에서의 포지셔닝과 유사한 개념이다[39].

다소 장황하지만 요약하면, '언론(혹은 정치세력이)이 상대편에

---

39) 이상 선샤인 논술사전 – 네이버 지식백과
http://terms.naver.com/entry.nhn?docId=1838251&cid=42044&categoryId=42044

대해 특정 이데올로기, 혹은 이미지를 대중에게 반복적으로 주입하여 (사실 여부와는 별개로) 마치 그것이 대상의 본 모습인 것처럼 각인시키는 틀 또는 그 효과'라 하겠다.

경제학 개념으로도 설명이 가능하다. 경제학에서 종종 사용되는 '낙인효과(烙印效果)'가 그것이다. '어떤 사람이 나쁜 사람으로 낙인(烙印, stigma, 스티그마)찍히면 그 사람에 대한 부정적 인식은 사라지지 않는다'는 이론이다. 과거에 대한 나쁜 기억은 웬만해선 사라지지 않으며 오히려 상황을 부정적으로 몰고 가게 된다. 기업의 경우 시장에서 신뢰를 잃게 될 경우 기업이 추후 어떤 발표를 해도 시장에서 부정적으로 받아들여질 때도 사용된다. '스티그마 효과'라고도 한다.[40]

언론에서 이루어지는 프레임 구사에는 다음과 같은 특징들이 있다.

1. 야당(野黨), 비판적 시민단체, 비주류, 소수세력에 프레임이 집중된다.

   정부, 여당 혹은 주류 세력에게 프레임이 적용되는 경우는 거의 없다. 주로 비권력층, 약한 세력, 소수세력이 주 타깃이 된다.

2. 부정적 프레임이 절대다수이다.(긍정적인 것은 프레임의 틀로 가둘 수 없다.)

   프레임에는 '친노', '운동권', '종북' 등 부정적 뉘앙스 혹은 나쁜 이미지를 느끼게 하는 부정적 프레임이 대부분을 차지한

---

40) 낙인효과 - 네이버 지식백과 - 한경 경제용어사전
http://terms.naver.com/entry.nhn?docId=2079567&cid=42107&categoryId=42107

다.41) 긍정적 프레임은 거의 없다고 봐도 무방하다. 비판 세력에게 부정적 이미지를 덧씌워 단정 지어버리고, 프레임 하나로 모든 것을 일반화시켜버린다. 프레임의 대상으로 낙인된 사람은 그것이 아니라고 증명하려 발버둥 칠수록 오히려 더욱 대상화되는 효과가 있다. 앞서 인용한 레이코프의 말처럼 "어떤 사람에게 '코끼리를 생각하지 말라'고 말하면 그 사람은 더욱더 코끼리를 떠올릴 것"이기 때문이다.

3. 주류세력은 (비판세력에 대한 프레임을) 본인들이 영향력 아래에 있는 지상파, 종편, 신문 등 압도적 언론매체를 통해 대규모 물량 공세를 퍼부어 프레임을 끊임없이 확대·재생산한다. 삼인성호(三人成虎)라는 말이 있다. 세 사람이면 없던 호랑이도 만든다는 뜻으로, 거짓말이라도 여러 사람이 말하면 남이 참말로 믿기 쉽다는 말이다. 사실과 다른 프레임도 계속적으로 언론을 통해 반복 주장하다 보면 사람들은 어느샌가 그것이 사실이라 생각하게 된다. 이른바 세뇌 효과도 같은 개념이다.

그렇다면 어떻게 프레임을 극복할까? 속담에서 시작해보자. 보통 허위여론, 거짓 여론을 정당화하는데 단골로 인용되는 속담이 '아니 땐 굴뚝에 연기날까?' 이다. 뭔가 사실이 있으니 그런 얘기가 나오지 않느냐는 얘기인데 100% 틀린 얘기다. 작정하고 허위사실

---

41) 실제 대법원에서는 종북이라는 용어가 명예를 훼손한다고 판결한 바 있다.
'전교조 종북집단' 주장은 명예훼손. 배상해야' - SBS 뉴스 15. 9.10

을 유포하는 상황에서는 아니 땐 굴뚝에도 연기가 많이 날 수 있다. 누가 연막탄 터트렸을 수도 있고 방화범이 불을 질렀을 수도 있다. 집주인이 아닌 나그네가 불을 때고 있을 수도 있다. 연기만 보고 집주인이 불을 때고 있다고 단정하는 것은 명확한 잘못이다. 프레임에 대한 대안은 다음과 같다.

(1) 정면돌파가 필요하다. 간단히 말해 '00이면 어떠냐?' 이다. 프레임은 통상 실체가 없고 이미지만 존재하기 때문에 프레임으로 비판하는 상대방조차 대상이 왜 나쁜지에 대해 명확히 설명하지 못한다. 프레임에 의해 규정되는 것을 두려워 말고, 정체성을 확실히 해서 정면돌파 하는 것이 바람직하다. 당당하게 맞받아치자.

(2) 때로는 무시 전략이 필요하다. 아니라고 부인할수록 더욱 말려들고 프레임이 고착될 수 있기 때문에 무시 전략이 효과적일 때가 많다. 상대방이 아무리 프레임의 틀에 가두려고 해도 본인이 진정 해당 사항이 없다면 무시하면 그뿐이다. 일일이 대응할 필요 없이 언행을 신중히 하다 보면 시간이 흘러 자연스레 프레임을 벗어나게 된다. 상대방도 아니 땐 연기를 피우는 데 한계가 있기 때문이다.

9) 군대의 경제학 - 모순과 미래

독재국가의 사례에서 보면 군부정권은 군을 많이 우대하는 것 같지만 실상은 그렇지 않다. 몇몇 장성은 부와 명예를 쌓고 호의호 식하지만 군사국가의 대다수의 국민은 불행하다. 국가의 군 정책도 전력상 군사 강대국이 되는 개념이 아닌, 권력자의 호위무사화·지 상군 중심화·후진국형 군대의 양산이 주다. 나쁜 형태로 발현된 군 문화인 무조건적인 상명하복, 단순화, 열 맞추기, 통일화라는 규율 들. 군대 폭력행위도 근래에 더 심해지는 추세인 듯하다. 이를 확 인하기 위해 인터넷 뉴스검색을 해보았다. 다음은 각 정부별 연평 균 군대 가혹행위 키워드로 검색된 뉴스 건수이다[42]. 이는 근래의 보수 정부가 들어선 이래 군 가혹행위 등의 사건이 과거 정부에 비해 훨씬 더 사회이슈화되고 있음을 나타내준다.

정부	재임기간	포털사이트 '군대 가혹행위' 키워드 검색결과 조회된 뉴스 건수[43]	연 평균
노무현 정부	2003.2~2008.2	756(5년간)	151건 / 1년
이명박 정부	2008.2~2013.2	1,135(5년간)	824건 / 1년
박근혜 정부	2013.2~2016.2 (조사일 기준)	5,577(3년간)	1,859건 / 1년

표-4) 각 정부별 군대 가혹행위 키워드 검색결과

---

42) 단, 검색 건수가 많다고 실제 사고 건수 많다고 단정할 수는 없다. 다만 언론에 그만큼 많이 언급되고, 사회적으로 큰 이슈화가 되었음을 의미한다.
43) 네이버 포털 – http://www.naver.com/에서 각 정부 재임기간 별로 검색어 '군대 가혹행위'로 조회·검색한 뉴스 건수임.

전 사회적인 군대화(軍隊化) 과정에서는 국민은 최대의 피해자이다. 상류층은 어떻게든 자식을 군대에 안 보내려 하고 안 보낼 수 있다.[44] 국적 포기자 혹은 태생적 타국적자(주로 미국 시민권자)도 상류층이 대다수이다.[45] 안타까운 현실이다. 항상 힘 없는 일반인들의 자식들이 현역으로, 최전방으로, 그리고 가장 빡센(?) 보직으로 간다.

진정한 군사 강국의 길은 군대의 민주화다. 군대를 권력자 개인에게 충성하게 할 것이 아니라 국민에게, 국가에게 충성하게 해야 한다. 군대의 진정한 힘은 국민으로부터 나온다. 권력자는 국가가 아니다. 세계최강의 미군은 특정 대통령에게 충성하는 군대가 아니다. 미국 시민을 위한 군대이다. 적어도 그들은 그렇게 생각한다.

이제 군의 미래에 대해 논의해보자. 시민에게 충성하는 군대가 되었을 때, 미래의 한국군의 모습은 어떠해야 할까? 특히 통일 한국군의 전략적 배치와 관련하여 한국이 통일이 된다면 통일 한국군의 운용에 대해 다음과 같이 제언한다.

---

44) 국내 30대 그룹 후계자 중에서 33.3%가 군대를 다녀오지 않은 것으로 나타났다. 10명 중 3명꼴로 군 면제를 받았다는 얘기다. 병무청이 최근 발표한 일반인의 군 면제 비율이 6%대인 점을 감안하면 5배 정도 높은 수치다. - '30대 그룹 후계자 10명 중 3명 군대 안 갔다' 시사저널 2015. 7. 16

45) '국내 10대 재벌 가문 출신 628명을 조사한 한 연구팀은, 이들 가운데 미국 출생자가 119명이다.' - 한겨레신문. 칼럼 '분노의 흐름' 박노자 2015. 7. 7
http://www.hani.co.kr/arti/opinion/column/699230.html

1. 전시작전권의 환수 - 전시작전권을 환수해야 진정한 자주독립 국가라 할 수 있으며 독자적 작전 수립·운용이 가능하다. 독립 운용이 가능해야 자국 군대가 타 국가 군대와 경쟁 속에 발전할 수 있다.

2. 통일이 되면 통일 한국군의 육군 주력은 압록강과 두만강 일대에 집중 배치하여 중국 인민군과 러시아군의 남하를 물리적으로 저지해야 한다. 또한 일본과 중국, 러시아군의 상륙에 대비하여 동해, 서해, 남해의 전략 도시에 전략기동군(육군)을 배치하여야 한다.

3. 울릉도(대 일본/ 대 러시아)와 제주도(대 중국 / 대 일본), 백령도(대 중국)등에 전략 해군기지를 만들어 중/러/일 3국의 해군력을 경계해야 한다. 각 해군기지에는 해병대를 배치하여 기지 보호와 더불어 유사시 3국에 대한 상륙군으로서의 역할을 수행하게 한다.

4. 육군에 편중된 전력을 해군, 공군의 육성으로 3군 간 균형발전을 꾀하되, 해·공군의 첨단화 전력화에 우선적으로 집중한다.

5. 항공모함 4척을 건조하여 3척은 동해, 남해, 서해에 1대씩 배치하고 1대는 훈련 및 유사시 보조 전력으로 활용한다. 이지스함도 동일하게 4척 건조 3척 배치, 1척 훈련/보조 전력으로 활용한다.

6. 잠수함 함대를 창설하고 최신 잠수함을 대량생산한다.

7. 한미 동맹을 강화하되 (일본과의 동맹은 배제) 국방기술을 자주화하여 무기구매에 따른 혈세 낭비를 막아야 한다.

8. 유럽의 방산 업체와도 적극 교류하여 미국 방산 업체 독점에 따른 폐해를 막는다.

9. 궁극적으로는 모병제로의 전환, 정예화를 실시한다.

10. 바다(해군력)를 중시한다. 지구표면의 2/3가 바다인데 이를 지배하는 해양력은 국력의 바로미터이다. 역사상 바다를 지배하였던 (강한 해군력을 보유한) 영국과 일본, 미국은 세계적 강대국이 되었다.

"바다를 지배하는 자 세계를 지배한다"

-*알프레드 마한46)*

11. 세계평화를 위해 애쓰되 진정한 평화와 국민의 안전, 번영은 스스로를 지킬 수 있는 군사력에서 나옴을 숙지한다.

진정한 자주국방을 이룩하여 19세기 말 선조들의 과오로 국권을 빼앗기고 민족이 수탈되었던 불운한 역사를 다시는 되풀이 되지 않기를 바란다.

10) 외교와 햇볕정책의 경제학 - 내쉬균형과 선량한 사마리아인의 믿음

한반도 같은 반도국가는 국운이 융성할 때는 대륙과 해양으로 동시에 뻗어 나가지만(고구려 광개토대왕, 통일신라 장보고의 청해

---

46) 알프레드 세이어 마한(Alfred Thayer Mahan, 1840년 ~ 1914년) : 미국 해군 장관이자 전략지정학자이자 전쟁사학자로, "19세기 미군의 전략에서 가장 중요한 인물"로 꼽힘. 대표 저서 '해양력이 국가에 미치는 영향'이 있음.

진) 국운이 기울 때는 대륙과 해양 양측에서 공격당하고 고립당한다. 그 최악의 시나리오가 현실로 된 것이 오늘날의 분단된 남북한이다. 대륙(중국, 러시아)과 해양(미국, 일본)의 양측에 의해 민족이 분단·고립되고 자주독립 국가의 길이 막혀있다. 어떻게 하면 좋을까?

① 대 미국 전략

미국을 어떻게 해야 할까? 미국은 좋다고 가까이 할 수만도, 싫다고 멀리할 수만도 없는 어려운 존재이다. 세계적 막강 경제·군사력이 있기 때문에 외교 전략 1순위 대상 국가이다. 외교의 방향은 용미(用美)이다. 용미란 한국의 국익과 미국의 국익을 일치시켜 최대한 미국을 활용하고 동맹국 관계 속에 외교 활로를 찾는 것이다. 대 중국 견제카드, 동북아 균형론 등에 비추어 한국이 선택할 수 있는 최상의 카드이다. 다만 이 경우에도 중국과도 우호적 관계를 지속해야 한다. 용미의 자세로 미국과 동맹 속에 중국을 견제하고 동북아 균형자로서의 입지를 다져나가는 것이 대 미국 전략의 최상의 카드라 생각한다.

② 대 중국, 대 러시아, 대 일본 전략

중국은 견제와 균형의 관계를 유지해야 한다. 미국이라는 동맹의 지렛대를 활용하되 우호 관계를 지속하고 경제적 교류 관계를 활성

화해야 한다. 다만, 중국 쪽으로 외교의 추가 넘어가 버리면 외교력은 약화 될 수밖에 없다.

러시아는 통일 이후 한반도와 영토를 맞대고 있는 국가라서 더욱 중요하다. 중국을 거치지 않고도 유라시아 횡단철도를 통해 유럽으로 바로 연결될 수 있다. 파이프라인 등을 통해 러시아의 천연가스를 한반도로 바로 들여올 수도 있어 더욱 경제적 가치가 크다. 일본의 진출을 저지할 수 있는 카드로서도 러시아의 존재가치가 크다.

일본은 과거사 문제를 해결한다는 전제하에서 우호 관계를 지속해야 한다. 하지만 군사적 동맹이나 외교 동맹으로 나아가서는 안된다. 한미 동맹의 틀을 유지하는 한에서 한·일간의 전략적 관계를 유지해야 한다. 위안부 문제, 과거사 문제는 반드시 해결하고 가야 한다. 그리고 친일파문제도 철저히 교육하여 다시는 과오가 되풀이되지 않게 해야 한다.

③ 동북아 균형자론

우리는 『코리아, 다시 생존의 기로에 서다』[47]라는 책에서 해답을 찾을 수 있다. 대한민국이 갈 길은 이미 정해져 있다. 중국, 러시아와 최대한 우호적 관계를 지속하되 미국과의 동맹을 유지하여 대륙세력을 견제하면서 통일을 이루어 가는 것이다. 약소국이 강대

---

47) 『코리아, 다시 생존의 기로에 서다』, 배기찬 저, 위즈덤 하우스, 2007.

국 사이에서 생존하려면 강대국 사이의 힘의 균형을 맞추어 그 안에서 최대한 실리를 추구하며 등거리 외교를 해야 한다. 노무현 정부시절 나온 '동북아 균형자론'이 그것이다. 비록 나라 안의 보수세력과 미국의 매파세력에 의해 좌절되었지만 여전히 유효한 방법이다. 강대국의 틈바구니에서 한반도의 평화를 지키고 실리를 찾는 최선의 방법이다.

이번에는 외교의 또 다른 절대적 축인 대북한 정책 – 특히 북한의 핵미사일 발사와 개성공단 폐쇄문제 등으로 남북관계가 큰 위기에 처해있는 오늘 이러한 위기상황에서 과연 햇볕정책이 여전히 유효할 수 있는지 살펴보자.

햇볕정책48)은 화해와 포용을 기본태도로 남북한 교류와 협력 증대를 추구한 김대중 정부의 대북 유화정책이다.49) 선한 사마리아인50)의 입장에서 동족에게 사랑을 베풀면 동족은 차마 선한 사마

---

48) '햇볕정책'이란 말은 김대중 대통령이 1998년 4월 3일 영국을 방문했을 때 런던대학교에서 행한 연설에서 처음 사용하였고 그때부터 정착된 용어이다. 겨울 나그네의 외투를 벗게 만드는 것은 강한 바람(강경정책)이 아니라, 따뜻한 햇볕(유화정책)이라는 이솝우화에서 인용한 말이다. - 두산백과 시사상식사전

49) 시사상식사전
http://terms.naver.com/entry.nhn?docId=928989&cid=43667&categoryId=43667

50) 예수께서 누가 우리의 이웃인가에 대한 가르침으로 제시하신 비유에 등장하는 인물(눅10:30-37). 그는 사회적 인습이나 한계를 초월하여 강도 만난 자에게 다함 없는 친절과 사랑을 베풂으로써 사랑의 가치와 이웃의 범위를 확인시켜 주었다. 그런 맥락에서 '선한 사마리아인'은 (괴로워하는 사람에 대한) 자비와 친절의 대명사이자, 계산하지 않고 상대방의 필요를 좇아서 활동하는 자선가(慈善家)를 상징한다 – 교회용어사전

62

리아인에게 은혜를 원수로 되갚지는 않을 것이라는 신뢰를 기본으로 하고 있다. 이 정책을 게임이론51)에 적용해 보자.

북한의 고민 (North korea's dilemma) / 남한의 고민 (South korea's dilemma)		남한에 대한 정책	
		온건책 (교류, 협력 강화)	강경책 (핵개발, 국지도발)
북한에 대한 정책	온건책 (햇볕 정책)	평화통일 (+100) / 평화통일 (+100)	체제보장 (+50) / 배신감 (-10)
	강경책 (대북 압박)	강경책으로 회귀 전쟁위험 높아짐 (-50) / 전쟁위기높아짐 (-50)	핵전쟁 (-100) / 핵전쟁 (-100)

표-5) 남북한의 고민모형

남북한은 각각 강·온건책을 사용할 수 있는데 강 대(對) 강은 핵전쟁이라는 -100-100= -200이라는 최악의 결과를 가져온다. 온건 대 온건이라는 조합은 평화통일이라는 +200의 효과를 가져온다.

선택의 카드는 남한이 쥐고 있다. 남한이 어떠한 카드를 사용하

---

http://terms.naver.com/entry.nhn?docId=2375730&cid=50762&categoryId=51365
51) 기업 또는 개인의 행위의 결과가 게임에서와 같이 참여자 자신의 행동에 의해서만 결정되지 않고 동시에 다른 참여자의 행동에 의해서도 결정되는 상황에서 자신에게 최대의 이익이 되는 행동을 추구한다는 수학적 이론 – 다음 어학사전

느냐에 따라 북한이 그에 대해 반응하는 '남한의 선조치', '북한의 후대응'의 전략구도이기 때문이다.

(1) 남한이 온건책(햇볕정책)을 선택하는 경우

이 경우 북한은 온건책을 선택하여 개혁·개방을 통해 평화통일로 가거나(+100), 강경책을 고집하여 체제유지(+50)를 선택할 수 있다. 일부 군 수뇌부는 후자를 선택할 수 있지만 북한 지도부가 북한 주민과 민족을 생각한다면 전자를 택할 가능성이 높다. 아무튼 이 경우 북한에게는 둘 다 이득이다.

남한이 온건책을 쓰는 상황에서 북한도 온건책을 쓰면 평화통일이라는 최상의 결과를 얻지만(+100), 북한이 강경책으로 체제 유지를 선택해도 (자신들을 도와준 동족 남한을 핵공격하지 않는다는 선한 사마리아인의 믿음을 유지한다는 것을 전제로 하면) 잃는 것은 배신감(-10) 뿐이다.[52]

(2) 남한이 강경책(대북제제)을 선택하는 경우

남한이 강경책을 쓰는 상황에서는 북한은 온건책을 쓸 수 없다.

---

52) 만일 북한이 자신을 도와준 동족 남한을 핵공격한다면(북한이 선한 사마리아인의 믿음을 저버린다면) 이 게임의 구도는 성립하지 않고 남한이 온건책을 선택해도 핵전쟁이라는 최악의 결과가 발생할 수 있다.

북한 군부 구조상(권력 구조상) 남한이 강경책을 씀에도 불구하고 북한이 온건책을 쓰리라 기대할 수 없다. 오히려 북한의 온건파가 제거되고 온건책은 강경책으로 전환되며 전쟁의 위험은 높아진다(-50). 남한의 강경책에 맞서 북한도 점차 강경책으로 변화되고 핵전쟁이 발발할 수 있다(-100).

남한이 강경책을 쓰고 북한도 처음부터 강경책으로 맞받을 경우 금세 핵전쟁이 발생할 수 있다(-100) 이 또한 남북한 모두에게 최악의 시나리오이다. 따라서 남한의 강경책은 남한의 선택지가 될 수 없고 되어서도 안된다. 평화를 위해서다.

(3) 결론

결국 남한은 온건책(햇볕정책)이 유일한 '우월전략'이다. 그 경우 북한은 온건책으로 화답하여 평화통일이라는 최상의 결과를 선택할 수도 있고, 강경책을 유지하여 체제 유지라는 작은 이익을 고수할 수도 있다.(물론, 남한이 온건책을 쓰는 경우, 북한이 강경책을 유지하더라도 온건책을 유지하는 남한에 대해 핵공격을 하지 않는다는 선한 사마리아인의 믿음이 유지된다는 전제가 필요하다) 하지만 이 경우에도 북한의 우월전략은 여전히 '온건책'임은 두말할 나위 없다. 이 경우 대북전략의 유일한 '내쉬균형(Nash equilibrium)'53)은 남한 – 온건책(햇볕정책) / 북한 – 온건책이다. 이 내쉬균형

---

53) Nash equilibrium : 게임이론의 개념으로서 각 참여자(Player)가 상대방의

에 이르지 못한다는 것은 남한 북한 모두 loss, loss게임54) 혹은 치킨게임을 하는 것을 의미한다.

남북한은 지금 마주 보는 열차처럼 서로 강경책으로 일관하고 있다. 사람은 몫 나누기 게임55)처럼 본인에게도 이익이 됨에도 불구하고 자존심, 배아픔 등의 비합리적 이유로 종종 '전부 포기'를 선택한다. 지금의 남북간 대결구도도 이와 다르지 않다. 남북한은 서로에게 이득이 되는 내쉬균형을 버려두고 괜한 자존심싸움을 하다가 핵전쟁이라는 최악의 결과를 선택할 수도 있다. 그 피해는 고스란히 국민과 민족의 몫이다.

이 게임의 유일한 '내쉬균형'인 남한 – 온건책(햇볕정책), 북한 – 온건책(개혁, 개방)을 선택하기를 간절히 바라는 바이다. 우리 후손에게 조상들의 상호불신, 미움과 어리석은 선택의 결과로 핵오염된 폐허의 한반도를 물려줄 수는 없지 않은가. 민족의 미래를 위한 남

전략을 주어진 것으로 보고 자신에게 최적인 전략을 선택할 때 그 결과가 균형을 이루는 최적 전략의 집합을 말한다. 즉 상대방의 전략이 공개되었을 때 어느 누구도 자기 전략을 변화시키려고 하지 않는 전략의 집합이라고 말할 수 있다. 그리고 이러한 전략 구성이 두 참여자에 의해 모두 예측되었을 때 이 게임은 내쉬균형에 도달하게 된다. 발견자 존 내쉬의 이름을 따 내쉬균형이라 부르며 그는 내쉬균형이론으로 노벨 경제학상을 수상한다. - 네이버 지식백과 경제학사전
http://terms.naver.com/entry.nhn?docId=778808&cid=42085&categoryId=42085
54) 모두 승자가 되는 win-win 게임과 달리 모두 패자가 되는 게임을 의미함.
55) 행동경제학에서 인간의 비합리성을 나타내는 대표적 사례 중의 하나로 꼽는 게임. 100원의 판돈을 걸고 한명(A)에게 90을 주고 다른 한명(B)에게 10을 주며 B에게 10을 받을 건지 아니면 둘 다 한푼도 못 받을 것인지를 선택하게 하면 일정 비율(대략7:3)에 이르기 전까지는 B에게 이득이 됨에도 불구하고 B는 둘 다 한푼도 안받는 것을 선택한다고 한다.

북한 지도부의 현명한 선택을 촉구한다.

대북사업을 하게 되면 최소한 30년간의 먹거리를 확보할 수 있고 신성장동력 확보할 수 있다. 유가 하락으로 인한 세계적 불경기에도 범 내수 시장을 확보하여 성장세를 이어갈 수 있다. 통계에 따르면 통일을 하면 십수년간 경제성장률이 1~2% 상승한다고 한다. 저임금 고급인력 (성실성, 같은 언어사용) 사용으로 (국내/해외 사업장 대비) 임금 경쟁력이 우수하다. 북한의 엄청난 광물자원과 값싼 노동력, 그리고 남한의 기술력과 자본이 결합하면 민족경제는 엄청나게 성장할 수 있다. 대북사업은 민족경제에 이바지하고 통일사업에 기여한다는 명분과 실리를 동시에 추구할 수 있다. 구체적인 청사진은 다음과 같다.

① 교통인프라 건설 - 도로, 철도, 교량 건설
   서울을 중심으로 하는 한반도 X자형 infra 구축 (목포~청진, 부산~신의주)
   : 1. 목포~광주~대전~서울~원산~청진 / 2. 부산~대구~대전~서울~평양~신의주
   ⇒ 향후 중국, 러시아와 이어지는 '철의 실크로드' 완성, 한반도 고립 탈피, 대륙진출
② 기반시설 인프라 건설 - 항만·공항 건설 (원산항, 청진항, 해주항 등 항만·공항 건설)
③ (신)도시 인프라 건설 - 상하수도 건설, 신도시 건설, 구 도시

재정비

　　　: 북한 인구 소요에 따른 신도시 추진

④ 발전 인프라 건설 – 수력, 청정화력, 파력, 조력 발전

　　　: 압록강 수력발전, 북한의 천연지하자원을 통한 청정화력발
　　　　전, 서해안 조력발전 등

더 커지는 것이 통일이다. 통일을 이루는 과정(남북경협)은 경제적
으로 남북 모두에게 Win-Win 게임이다. 이를 왜 마다하는가.

4장 개인의 경제학

1) 개인주의의 경제학 - 개인이냐 전체냐

개인이 먼저냐 전체가 먼저냐는 오랜 질문이 있다. 둘 다 중요하다는 절충론을 넘어서, 단언컨대 나는 개인이 먼저여야 한다고 생각한다. 개인을 희생해서 전체를 우선시한 사회의 말로는 비참하다. 일본의 군국주의(가미가제, 할복자살)가 그러했고 히틀러의 나치즘, 무솔리니의 파시즘이 그러했다. 집단을 위해 개인의 자유와 창의를 억압하고 획일화, 균일화를 통해 지배세력이 얻으려는 것은 통치의 수월화, 군중에 대한 완전한 장악(궁극적으로는 그로 인한 지배집단의 이익)이다. 획일화된 사회는 통제하기 쉽다. 자유로운 사회는 통제하기 어렵고 비판이 살아있기 때문에 독재자들이 좋아하지 않는다. 독재자들이 좋아하는 말이 '전체, 하나, 단일, 균일, 통일' 등이라는 것을 보면 이를 쉽게 알 수 있다56)

군사 독재국가의 군대에서는 민주적 의사소통과 비판이 가능하던가? 지시와 복종, 희생만이 있을 뿐이다. 독재국가의 군인은 전쟁 발생 시 승리라는 '목적'을 위해 수단화된 '도구'일 뿐이다. (반면, 민주 선진국의 군인은 명예롭고, 존경받는 집단이다. 물론 한국에도 훌륭한 군인이 많다.) 전체를 우선시해서 궁극적으로 이득을 보는 것은 지배집단과 그 주변 세력들 뿐이다. 전체를 우선시했을 때 늘 나오는 레파토리 - '전체를 위한 희생' - 이 말에는 함정이 있다. '희생'은 전체 구성원 중 가장 약자들부터 적용되고, 반면 그들의 희생을 통해 생기는 이득은 지배집단(강자)에게 우선적으로 돌아간다.'

이러한 이유로 전체보다는 개인이 우선되어야 한다고 생각한다. 개인이 우선시되는 사회는 약자가 우선시되는 사회이며 민주화된 사회, 열린 사회, 개성 사회다. 개개인이 존중되면, '大'(전체)를 위해 개인이 원치 않게 희생되는 일도 없을 것이며 사회 전체의 만족도도 분명 높아질 것이다. 개인이 불행함에도 국가가 행복한 나라는 없다. 개인이 먼저냐 전체가 먼저냐고 나에게 묻는다면 나는 단언컨대 '개인이 먼저다'고 말한다.

물론 '타인에게 피해를 주지 않는 범위 내에서' 라는 전제조건 (이자 절대조건)이 꼭 붙어야 한다. 이 절대조건이 없으면 방종과

---

56) 전두환 전 대통령이 군내에서 만든 조직의 이름도 '하나회'이다.

무질서, 혼란의 사회가 될 것이며 전체주의와 모습만 다를 뿐 그 폐해는 같을 것이기 때문이다. 결국 "타인에게 피해를 주지 않는 범위 내에서 전체보다는 개인이 우선시되어야 한다."가 내 생각의 요체이다.

2) 결혼과 이혼의 경제학 - 현실이라는 바다에 침몰하는 사랑

결혼은 어떤 면에서는 철저한 이해타산의 장이다. 나보다 좋은 조건의 사람, 나보다 좋은 외모의 사람을 찾는다. 그게 아니면 나를 좋아하기에 나에게 헌신(물질적이든, 정신적이든)해줄 대상을 고르고 선택한다. 따라서 비슷한 집안(주로 경제력)끼리 혼사가 잘 맺어지고 그 경우 이혼의 확률도 줄어든다. 반면 격차가 큰 집안 간의 혼인 - 예를 들어 재벌가의 며느리로 들어간 빈곤층의 신데렐라 - 은 파국으로 끝날 확률이 많다. 나면서 자라온 환경, 습관, 사고방식, 말투 등 극복해야 할 장애물이 너무 많고, '사랑' 하나만으로 극복하기에는 현실이 녹록지 않기 때문이다. 결혼 과정에 일부 부부들이 혼수 문제로 다투고 집안 간의 갈등을 야기하는 이유도 이와 같은 환경, 조건의 차이이다. 더구나 사랑의 유효기간도 너무 짧으니 이를 어찌할꼬. (과학적으로는 사랑 호르몬의 분비·지속기간이 18개월~36개월이라고 한다.[57])

---

57) WOW한국경제 인터넷판, 2014. 12. 10.

그런 의미에서 결혼생활은 '성찰'과 '수행'의 과정이며 '대화'의 '타협'의 산물이라고 할 수 있다. '결혼이란 20대는 사랑으로 맺어지지만 30대에는 노력으로 지탱하고 40대에는 인내로서 꾸려가며 50대에는 체념으로 살다가 60대에 이르러서야 감사하게 된다' 는 말을 기억하자.

결혼에 관한 위트 있는 명언 몇 가지를 소개해 본다.

'결혼이란 사랑이라는 배가 현실이라는 바다에 침몰하는 과정이다.'
                                                    - 작자 미상

'다른 남자가 당신 아내를 훔쳐 갔을 때, 가장 좋은 복수는 그 사람이 그냥 그녀를 갖게 하는 것이다.'
                                                    -사차 귀트리

'결혼에 대한 근본적 진실 하나를 설파하겠다. 마누라가 갑이다.'
                                                    - 빌리 코스비

'좋은 결혼은 눈먼 아내와 귀먼 남편의 결혼이다.'
                                                    - 미셸 드 몽테뉴

'결혼은 새장과 같다. 새장 밖의 새들은 안으로 들어오려고 애쓰며,

새장 안의 새들은 밖으로 나가려고 발버둥 친다.'

- 미셸 드 몽테뉴

'결혼은 천국도 지옥도 아니다. 그저 연옥정도 된다.'

- 에이브러햄 링컨

'결혼엔 품질보증서가 없다. 당신이 그런 걸 찾는다면, 자동차 배터리랑 살아라.'

- 어마 봄벡

'결혼은 두 사람의 결합이다. 그 중 한 명은 절대 기념일들을 기억 못 하며, 나머지 한 명은 절대 기념일들을 잊지 않는다.'

- 오그덴 내슈

'행복한 결혼에선 보통 아내가 기후를 조절하고, 남편이 풍경을 제공한다.'

- 제랄드 브레넌

'결혼한 이유에 대한 리스트를 적고, 또 이혼한 이유에 대한 리스트를 적으면 두 목록이 겹치는 부분이 엄청 많을 것이다.'

- 미뇽 맥롤린

'결혼은 혼자 있었으면 있지도 않았을 문제들을 둘이서 함께 해결하려는 시도다.'

- 에디 캔터

'남편은 화재와 같다. 진압하지 않은 채 놔두면 밖으로 나간다.'

- 쉐어

'기혼 남성은 싱글보다 오래 산다. 하지만 죽고자 하는 사람은 기혼 남성이 더 많다.'

-조니 카슨

이제, 이혼, 그 선택과 후회의 딜레마에 대해 알아보자.

'타인은 지옥이다' - 장 폴 사르트르

이처럼 타인이 지옥일진대 전혀 다르게 살아오고 (게다가 생물학적으로 다른 이성이라는) 타인을 만나 함께 살아간다는 것이 얼마나 고통스럽고 힘든 일이겠는가? 소크라테스는 말했다. '양처와 결혼하면 행복자가 되고 악처와 결혼하면 철학자가 된다.' 남편, 아내 모두에게 상호 적용될 수 있고 일견 타당하다. 부부 간 갈등의 고통 속에서 살아가는 이들에게 작은, 혹은 큰 위로가 된다. 소크라테스의 말을 더 빌려보면, '가장 사나운 말을 잘 탈 수 있으면 그 어떤 말을 탈 수 있고 가장 까다로운 사람과 잘 지낼 수 있으면 그 누구와도 잘 지낼 수 있다.' 라는 말도 유효하다. 여기서 무너지면 다시는 그와 같은 사람과는 잘 지낼 수 없다. 그 다음 단계의 사람 (첫번째보다 관계 맺기가 덜 어려운 사람)을 찾게 되지만 이 또한 쉽지 않다. (오히려 그보다 더 심한 단계의 사람을 만날 가능성이 높다) 사람의 성격은 양극단의 스펙트럼까지 분포가 다양하지만 절대적으로 악하기만 한 사람, 혹은 절대적으로 선하기만 한 사람은 존재하지 않는다. 따라서 다른 누구를 만나더라도 그 사람에게서 단점이 보일 것이고 전 사람과 비교하게 될 것이다. 전 사람의 장점이 생각나고 현 사람의 단점이 커 보일 것이다. 따라서 실망할 확률, 후회할 확률이 상당히 크다.

그러므로 후회하지 않기 위해서라도 지금의 상황을 받아들이는 것이 좋은 선택일 수 있다. (소위 말하는 4대 악덕 - 폭력, 도박, 바람, 무능 - 혹은 '도저히 견딜 수 없는 상황'이 아니라면) 지금의 상황 안에서 의미를 발견하고 개선시켜 나가는 것이 좀 더 낫다고 생각한다. 너무 다르고 달라서 고통받고 있지만 스스로 고통을 내려놓는 방법이다. 불교에서도 말하지 않던가. - '제1의 화살을 맞을지언정, 제2, 제3의 화살을 맞지는 마라.' 원망을 해도 한도 끝도 없고, 감사한 점을 생각해도 한도 끝도 없기에 후자(감사한 점)를 생각하는 것이다.

김형곤이 이야기 했다. '아이의 엄마(혹은 아빠)가 아이에게 나쁜 엄마(혹은 아빠)가 아닌 이상 이혼하지 말라' 아이를 학대하거나 방치하거나 돌보지 않으면 아이를 지키기 위해 이혼해야 한다.

하지만, 이혼해서 더 행복해질 것 같으면 이혼해야 한다. 이혼하고도 더 행복한 사람들도 많다. 하지만 그렇지 않다면, 이혼하면 지금보다 더 불행해질 것 같다면 이혼하면 안된다. 가정을 지키고 위해 아빠, 엄마로서의 의무를 다하기 위한 이유이기도 하다. (반면, 아이들 또한 본인의 삶을 대신 살아주지도 않는다는 점도 기억해야 한다.) 결국은 본인이 결정하는 것이고 본인이 책임지는 것이다. 본인의 인생이기에 선택과 책임은 전적으로 본인의 몫이다. 당신이 어떤 선택을 하든 그것은 옳다. 당신의 선택을 응원한다.

3) 일의 경제학 - 한계효용과 균형, 쿨하게 떠나기

일은 해야 한다. 특히 아침에 일은 더욱 중요하다. 신문배달이든, 우유배달이든 아침에 일어나 할 일이 있다는 것이 그 자체로서 중요하다. 아침에 일어나지 않는 것은 어떤 의미에서는 고통이고 무력감일 수 있다. 피곤하다고 하여 무진장 자도 행복하지는 않다. 계속 자면 허리가 아프고 머리도 아프다. 오히려 더 피곤해진다. 휴식에도 한계효용이 적용되기 때문이다. 휴식이 즐겁기 위해서도 사람은 일이 있어야 한다. 그게 삶을 더 윤택하게 해준다. 밀도 있게 살아가게 해준다. 물론 일이 과하여 쉬지도 못해 건강을 상하게 하거나, 가족을 뒤안시하고 일에만 매달린다면 그것 또한 잘못된 것이다. 가족과 아이들은 언제까지나 기다려 주지 않는다. 세계적인 펀드매니저인 피터린치58)도 가족을 위해 40살에 은퇴했다. 열심히 하되 쉴 때 쉬는 것이 최선이다. 일과 휴식(가족과의 시간)간의 균형이 중요하다. 한 곳에만 몰두하면 경제학의 한계효용에 의해서도 만족도가 떨어진다. 적정한 선에서의 휴식으로의 전환이 필요하고, 또한 적절한 선에서의 일로의 전환이 필요하다. 결국, 균형이 최선이다. 잘 일하고 잘 쉬자.

직장에 헌신하면 헌신짝 된다는 말이 있다. 반은 맞고 반은 틀린 얘기다. 어차피 남에게 잘 보이기 위해, 승진하기 위해 헌신하는 것이 아니다. 자기 스스로에게 떳떳하고 자기 계발의 일환으로서 열심히 하다 보면 본인의 발전에도 도움이 되고 또한 회사에도 이득이 된다. 양심적이고 떳떳하게 최선을 다해 일한다면 훗날 회사가 당신을 더 이상 필요치 않아 할 때도 쿨하게 굿바이를 외치며 떠날 수 있다. 후회 없이 일했고 스스로에게 떳떳하기 때문이다. 내가 회사를 위해 이렇게 희생했는데 어떻게 회사가 나를 이렇게 할 수 있지? 라는 물음은 나오지 않는다. 자기 자신을 위해 일하고 그 과정이 회사에 이익이 되는 윈윈의 자세가 필요하다. 기대하지 말자. 스스로에게 떳떳하자. 그러면 아쉬울 게 없다. 후회 없이 일

---

58) 피터린치(1944~) : 미국의 유명 펀드매니저(피델리티), 마젤란 펀드로 경이적인 펀드수익율을 기록.

하고 쿨하게 떠나자.

4) 사교육의 경제학 - 밴드웨건과 무한경쟁

웃픈얘기(웃기면서 슬픈 얘기)지만 아이의 미래는 할아버지의 경제력, 아빠의 무관심, 그리고 엄마의 정보력에 의해 결정된다고 한다. 귀 얇은 맘[59]들 혹은 남들 다 하니까 어쩔 수 없이 (내 아이만 뒤처지게 할 수 없으니) 따라하는 맘들의 무한경쟁 속에 아이들은 경쟁기계가 되어 간다. 심지어 아이들이 공부하는지 여부를 CCTV, 지문인식 등을 통해 실시간으로 감시한다고 하니 참 말세다.[60] 아이들이 성범죄자도 아닌데 말이다. 어린아이들이 만나면 집 평수 (심지어 전세냐, 자가냐도 따진다고 한다), 자동차 브랜드, 아빠 직업 등을 비교하며 우열을 가리고 그룹 짓기를 한다. 어른들의 나쁜 행태들이 순수한 아이들의 영혼까지 잠식해버린 것이다.

경제학에서 말하는 밴드웨건 효과[61]가 아이들의 사교육 시장을

---

59) mam - 엄마의 줄임말
60) 24시간 CCTV, 지문인식 입·퇴실, 실시간 문자 감시... '공부 감옥'이 된 독서실 - 경향신문 2016. 2. 11.
61) 요약유행에 따라 상품을 구입하는 소비현상. 유행에 따라 상품을 구입하는 소비현상을 뜻하는 경제용어로, 곡예나 퍼레이드의 맨 앞에서 행렬을 선도하는 악대차(樂隊車)가 사람들의 관심을 끄는 효과를 내는 데에서 유래한다. 특정 상품에 대한 어떤 사람의 수요가 다른 사람들의 수요에 의해 영향을 받는 현상으로, 편승효과 또는 밴드왜건(band wagon)효과라고도 한다. - 인터넷 두산백과

지배한다. 남이 하니깐 불안해서 따라 하고 또 다른 사람도 그걸 따라 하고 악순환의 반복이다. 그 속에서 학벌 지상주의, 성적 만능주의가 횡횡하고 불법 사교육이 기승을 부린다. 그에 따라 아이들의 창의성, 자율성은 점점 고갈되어 가고 참교육의 이상은 멀어져 간다. 우리나라 사교육비 규모는 2015년 기준 17조 8000억원이라고 한다.62) OECD 회원국 가운데 1위다. 어떻게 하면 좋을까?

우선, 단기적 처방으로는 수능, 대입 등 선발기준 평가방식의 다양화, 대학의 비서열화 (입사원서에 학교명 기재금지 등), 사교육의 공교육 흡수 등이 있다. 그리고 장기적 처방으로는 캠페인 전개, 대안교육 확대 (자연교육 혹은 더 많은 대안학교의 개설 등), 진로탐색기회의 부여, 학벌주의 문화 타파, 경쟁보다는 협력하는 교육문화 정립 등이 있다. 무엇보다, 남처럼 하지 않으면 낙오될 수 있다는 두려움을 떨쳐내는 용기가 가장 중요하다. 두려워 말자. 남들처럼 안해도 된다. 괜찮다.

5) 혼밥의 경제학 - 신성장 산업의 가능성

혼밥(혼자먹는 밥), 혼술(혼자 마시는 술), 혼영(혼자 보는 영화),

---

http://terms.naver.com/entry.nhn?docId=1226685&cid=40942&categoryId=31812
62) 사교육, 가정파괴범이 되다 - 시사저널, 2016. 3. 3.

혼곡(혼자 부르는 노래) 문화가 빠르게 퍼지고 있다. 과거 주변의 시선 때문에 주저하던 이들도 당당히 행동한다. 이미 하나의 문화 트렌드로 자리 잡고 있다. 1인 식당, 1인 주점도 늘어나고 있다. 극장·음식점에도 싱글석이 확대되고 있고 혼자놀기 아이템도 급증하고 있다. 서로 시간 맞추기 힘들고 관계 맺음에 지칠 때가 많아 차라리 혼자서 눈치 안보고 여유를 즐기자는 것이다. 소외 아닌 '자유로움'의 선택이라 한다.63)

일본, 유럽 등에서는 이미 익숙한 풍경이다. 나쁘게만 볼 이유가 없다. 자발적으로 혼자이기를 원하는데 뭐가 문제인가. 타인에게 피해를 주는 것도 아니다. 다만 혼자되기가 지나쳐 '관계의 고립', '관계의 단절'로 가는 것만 피하면 된다. '함께 있되 거리를 두라'는 칼린 지브란의 시와 '수선화에게'(외로우니까 사람이다)라는 정호승 시인의 시가 동시에 떠오른다. 너무 고립되지만 않는 한, 1인 문화. 괜찮다. 1인을 타깃으로 하는 사업들. 향후 성장성이 있는 산업임에 틀림없다. 1인 문화사업 아이템에 집중하라. 1인 문화사업을 영위하는 기업의 주식을 사라. 오른다.

"함께 있되 거리를 두라.

그래서 하늘의 바람이 너희 사이에서 춤추게 하라.

……그보다 너희 혼과 혼의 두 땅 사이에 출렁이는 바다를 두어라.

……함께 노래하고 춤추며 즐거워하되 서로 혼자 있게 하라.

---

63) 혼밥·혼영·혼술·혼곡 …'나홀로 문화' 쿨하게 즐긴다 – 문화일보, 2016. 3. 8.

마치 현악기의 줄들이 하나의 음악을 울릴지라도 줄은 각기 혼자이
듯이.
······함께 서 있으라. 그러나 너무 가까이 서 있지는 마라.
사원의 기둥들도 서로 떨어져 있고
참나무와 삼나무는 서로의 그늘 속에선 자랄 수 없으니"

- 칼린 지브란, '함께 있되 거리를 두라' 중에서

"울지 마라 / 외로우니까 사람이다 / 살아간다는 것은 외로움을 견
디는 일이다 /
공연히 오지 않는 전화를 기다리지 마라 / ······(중략) /
가끔은 하느님도 외로워서 눈물을 흘리신다 / 새들이 나뭇가지에
앉아 있는 것도 /
외로움 때문이고 / 네가 물가에 앉아 있는 것도 / 외로움 때문이다 /
산 그림자도 외로워서 / 하루에 한 번씩 마을로 내려온다 /
종소리도 외로워서 울려 퍼진다"

- 정호승, '수선화에게'64) 중에서

---
64) 『외로우니까 사람이다』, 정호승 저, 열림원, 2011.

6) 두려움, 후회, 그리고 실수와 용서의 경제학

• 두려움 - 혹은 공포

어찌 보면 삶은 두려움 혹은 공포와의 싸움이다. 아이 때부터 시작하여 어른이 되어서도 평생 두려움에 시달리게 된다. 아이 때는 엄마가 없어지는 두려움, 학창시절엔 친구를 잃게 되는 두려움, 왕따를 당하게 될 두려움, 어른이 되어서는 실직에 대한 두려움, 밥벌이(생계)의 두려움, 늙어서는 홀로 남겨짐에 대한 두려움, 이뤄놓은 것들이 사라진다는 것에 대한 두려움, 그리고……죽음에 대한 두려움. 궁극의 두려움은 죽음에 대한 두려움이다. 이러한 두려움 그리고 공포가 커지면 극단적인 선택을 하게 되고 혹은 일을 그르쳐 대형 사고가 발생하기도 한다. 두려움, 공포를 이겨내자. 조금만 시간이 지나면 아무것도 아닌 것이 된다. 그래서인지 김대중 전 대통령은 '용기는 모든 도덕 중에 최고의 덕목'이라고 했다. 분명 용기는 두려움을 극복하게 해준다. 어느 대학교수가 쓴 책의 제목 '겁 많은 자의 용기'[65]도 일맥상통한다. 두렵지 않다면 거짓말이다. 두렵더라도 해야 한다. 그것이 참된 용기다[66]

---

65) 『다시, 새로운 시작을 위하여』, 김대중 저, 김영사, 1998.
66) 동 저서(상동).

• 후회 - 후회라는 매몰비용

후회와 자책이 주가 되면 더욱 스트레스가 심해진다. 자괴감으로 자신감이 소멸된다. 스스로의 자존감을 높이고 최선을 다하면 후회를 극복할 수 있다. 모든 그릇된 실수, 선택들도 꼼꼼히 돌이켜보면 하늘에서 뚝 떨어진 선택은 없다. 비록 그 선택들이 잘못된 것일지라도 그러한 선택을 하게끔 되어 있는 원인(우연이든 필연이든)이 겹겹이 쌓여 그러한 결과가 만들어지기 때문이다. 따라서 이유 없는, 온전히 잘못되기만 한 선택은 없다. 또한 잘못된 선택은 잘못된 선택(결과)으로 가지 않게 노력한다면 결국 잘못된 선택이 아닌 좋은 선택이 되는 것67)이다.

경제학에서도 매몰비용이라는 것이 있다. 한번 지불되고 난 뒤 회수할 수 없는 비용을 의미한다.68) 이미 지불되어 당신이 지금 어떤 선택을 하든 피할 수 없는 비용이다. 후회도 마찬가지이다. 지금 어떻게 해도 달라질 건 없고 피할 수 없다. 따라서 후회에 매몰되어 헤매지 말고 더 나은 결과를 만들어 내기 위해 노력하자. 힘겹지만 이 고통들을 이겨내면 결국 잘한 선택이 될 것이고, 해피엔딩으로 끝날 수 있는 것이다. 마지막에 웃는 자가 승자다. 승자가 되어 매몰비용 이상의 돈을 멋지게 회수하자.

---

67) 『즐거운 나의 집』, 공지영 저, 폴라북스, 2013.
68) 『맨큐의 경제학』, N. Gregory Mankiw, 교보문고, 2005, 338p

• 실수와 용서 - 창조적 파괴를 위한 토양

신은 실수를 하지 않지만 사람은 실수를 한다. 실수하니까 사람이다.

'두 번 실수는 안돼.' 라는 말의 무서움을 안다. 경고, 협박처럼 들릴 수도 있다. 이 말은 정신 차리고 긴장하게 만드는 긍정적 효과가 있음에도 불구하고 (적어도 일부 사람에게는) 무한의 압박감을 준다. 그래서 난 실수에 관대하고 싶다. 두 번, 세 번 실수하면 어떤가. 그 실수가 고의적인 것만 아니라면 난 괜찮다고 본다. 지적하는 사람을 무시해서가 아니라 약점 많은 인간이기 때문에 실수하는 거다.

실수에 관대해지는 사회를 바란다. 우리 사회는 아직 그렇지 못하다. 대입시험도 패자부활전이 존재하지 않는다. '한번 찍히면 끝이다' 는 말도 실수에 관대하지 못한 사회상을 반영한다. 한번 실수로 서열이 정해지거나 인생이 결정되는 사회가 과연 행복한 사회인가. 실수를 용납하지 않으면 개인들은 모험과 도전을 꺼리게 되고 사회는 활력을 잃는다. 사회경제적 효용이 감소한다.

저명한 경제학자 슘페터가 언급한 '기업가 정신'[69]은 실수를 용

___

69) 새로운 사업에서 야기될 수 있는 위험을 부담하고 어려운 환경을 헤쳐나가면서 기업을 키우려는 뚜렷한 의지를 말한다. 미국의 경제학자인 슘페터가 강조한 것으로, 미래의 불확실성 속에서도 장래를 정확하게 예측하고 변화를 모색하는 것이 기업가의 주요 임무이며, 이를 기업가 정신이라고 하였다. - 네이버 지식백과, 기업가 정신

인하는 사회에서 찬란하게 꽃핀다. 미국의 실리콘밸리가 그렇다. 수많은 실수·실패 속에서 오늘의 영광을 이루었다. '창조적 파괴'를 위해서도 많은 시행착오가 필요하다. 우리 사회가 실수에 관대하고 실수를 용납하는 사회가 되기를 기대해본다. 실수하니까 사람이다. 두 번, 세 번 실수면 어떠냐? 본인의 실수를 용서하듯 타인의 실수도 용서하자. 용서할 수 없다고? 용서할 수 없는 것을 용서하는 것이 참된 용서이다.70)

---

70) 『다시, 새로운 시작을 위하여』, 김대중 저, 김영사, 1998.

5장 사회의 경제학

1) **회사(조직)의 경제학** - 해고는 과연 회사에 이득인가?

　① 회사의 본질

　회사란 무엇일까? 회사원으로 생계를 유지하고 있는 지금 그 근원적 물음에 답해보고자 한다. 회사의 주인은 주주일 수도 있고 사장일 수도 있고 회사원 모두일 수도 있다. 기본적으로 한국 회사는 상명하복, 동일체, 전체주의, 군대식 문화가 분명 자리 잡고 있지만 분명 장점도 많다. 책상에서는, 이론에서는 배울 수 없는 '현실'을 회사는 가르쳐 준다. 경험의 폭을 넓혀준다는 측면에서 회사는 많은 기회를 부여한다. 회사는 분명 악도 아니고 선도 아닌 흑백이 모자이크처럼 짜여진 그 무엇이다. 조직은 있지만 실체는 없고 (실체가 없다는 점이 무서운 점이다. 담당자는 언제든 바뀔 수 있고 회사를 상대로 싸우는 개인은 담당자가 바뀌는 순간 싸울 대상을 잃는 허탈감에 빠지기도 한다. 실체 없는 대상과 싸우는 것이기에 고독하고 힘들 수 있다), 회사는 직원들에게 때론 따뜻하지만 때론 비정하다. 직원들이 충성하지만 영원히 충성할 수 없고, 직원들을 지켜주다가도 가차 없이 내팽개치는 복잡하고도 거대한, 실체가 없는 유기체다.

② 해고의 경제학

회사원들은 받은 봉급 이상의 수익을 창출하고 회사는 이윤을 남긴다. 회사는 수익 중 일부는 세금으로, 일부는 주주들에 대한 배당으로, 일부는 유보금으로 남긴다. 중요한 것은 세상에 공짜는 없듯이 회사원은 받는 월급 이상으로 일하고 수익을 창출해야 한다는 것이다. 월급 이상의 성과를 내는 것 - 그것이 회사와 직원 간 계약의 기본뼈대다. 그렇지 못하거나 그럴 필요가 없을 경우 정리해고, 구조조정의 명목하에 직원을 짜른다. 월급값을 못하는 직원을 솎아내는 숨바꼭질이 반복되기도 한다. 월급값 이상을 하는 직원도 경우에 따라 사내정치적 이유 혹은 운이 없어서 내쳐지기도 한다. 교묘하게 퇴직을 유도하기도 한다.

하지만 여기서 충돌이 발생한다. 회사에 평생 헌신했던 사람이나

평소에는 성과가 좋다가 일시적으로 성과가 안 좋은 사람들을 정리해고하는 것은 인간적·도의적 감정과 충돌한다. '해고는 살인이다'는 말도 있듯 정말 경영상의 급박한 사정이 없는 이상 고용은 최대한 유지되어야 한다. 철저한 이해타산과 이익성과에 의해 돌아가는 회사에 인정과 눈물을 기대하기는 힘들지도 모른다. 그래도 가능한 범위에서 최대한 해고를 줄여야 한다. 남은 직원들에게도 '회사가 저 사람을 내친 것처럼 내일 나를 내칠 수 있겠구나' 라는 인식을 심어준다. 이는 보신주의, 일신주의만 키워 장기적으로 회사에 큰 손해를 끼친다. 해고는 (정말 예외적인 경우를 제외하고는) 인력비를 절감하는 것 이상으로 (몇 배 이상으로) 회사에 더 큰 손실로 돌아온다. 해고와 관련된 경제적 효과는 우측 표와 같다.

결국, 해고는 당장에는 기업의 슬림화와 체질개선 등에 도움이 되는 것처럼 보이지만, 장기적으로 분명 기업에 손해다. 임금피크제 및 전 직원 급여삭감 등을 통해서라도 가급적 해고는 최소화해야 한다. 도덕적 가치를 논하지 않고서라도 그게 회사에게 경제적으로 이득이 되기 때문이다. 해고는 비(非)경제다.

〈 표-9 해고의 경제적 효과 〉

해고의 긍정적 경제효과		해고의 부정적 경제효과	
유형적 효과	무형적 효과	유형적 효과	무형적 효과
급여에 상당하는 인건비 (비용) 절감 효과	조직 슬림화/ 조직 긴장감 향상	퇴직금, 보상금 지출 축적된 업무 노하우, 숙련도 상실	축적된 인맥의 상실
		업무인계인수 과정에서 오는 혼선/마찰비용	남은 직원의 사기 저하, 충성심 저하
		신입사원 때부터 축적/투자된 교육비, 훈련비 상실	남은 직원의 보신주의, 몸사리기 등으로 업무효율감소
		해고직원의 반발에서 오는 직접적 비용 (해고 무효소송, 회사를 상대로한 손해배상 소송 등)	해고직원의 반발에서 오는 회사 이미지 손실 (해고자의 1인 시위, 악덕기업 이미지로 언론에 보도 등[71])
		직원 신규 고용비용/ 훈련비용 발생	해고자 및 그의 친구, 가족, 친척 등 잠재적 고객 상실

---

71) '사람이 노예다' '명퇴가 미래다'...두산인프라코어 광고 날 선 패러디 봇물'
-헤럴드 경제, 15. 12. 17
http://news.heraldcorp.com/view.php?ud=20151217000072

2) 승진(진급), 그리고 경쟁과 독립의 경제학

① 승진(진급)의 경제학 - Line, Line

사람은 인지상정상 자기에게 잘하고 충성하는 사람을 계속 쓰고 싶다. 따라서 많은 직장인들이 인사권자에게 충성할 수밖에 없고, 눈 밖에 나기를 두려워한다. 엄청난 능력이 있거나 '유니크 (unique)'한 존재라면 인사권자의 개인적 감정평가에 휘둘리지 않고 좋은 인사고과를 받을 수 있을 것이다. 그러나 그렇지 못한 대부분의 현실을 볼 때 직장상사 - 특히 인사권자에게 잘 보여야 하는 것은 너무나 당연한 일이다. 다만 사람에 충성하지 않고 회사에 충성하는 경우(주관적일 수 있지만 회사의 이익과 상사의 이익이 상충하는 경우), 문제가 생긴다. 회사에 충성한 사람(회사의 이익을 위해 상사의 지시를 거부하거나 눈 밖에 난 경우)이 도태되는 경우 회사로서는 분명코 손해이다. 그러나 그 손해는 드러나지 않는다. 실력의 우열이 확연하지 않은 경우(기본실력이 비슷비슷한 경우) 대인관계가 좋고 눈치 있게 상사를 잘 보필하는 직장인이 승진하는 것은 너무도 당연한 현실이다. 눈치가 부족하거나 자기 소신을 고집하면 (옳고 그름을 떠나) 나쁜 평가를 받는 것 또한 당연하다. 그것이 문제이다. 결국 최후에 살아남는 사람은 '능력을 기반으로 하되 센스있게 상사를 잘 보좌한 자' 이기 때문이다.

또한 승진에는 라인이 존재한다. 약간 부족해도 밀고 당기고 끌면서 폐쇄적 카르텔을 만든다. 군인은 사관학교, 경찰은 경찰대, 법조인, 관·재계·학계는 서울대(혹은 연·고대) 등 성골라인이 모든 조직에 포진해있다. 라인이 없는 사람은 고립될 수밖에 없으며 이는 조직에도 궁극적으로는 손해가 된다. 라인은 있는데 실력이 없는 사람이 자리를 꿰차 결국 장기적으로 회사에 손해를 끼친다. 라인이 없는 사람은 실력이 있어도 잘 중용되지 않는다. 물론 라인도 실력도 좋은 사람이 있고 '라인도 실력이다'는 주장을 하는 사람도 있다. 라인을 뛰어넘는 인맥을 가지는 사람도 있고 역량으로 라인을 극복하는 사람도 많다. 하지만 라인이 있는 한, 이는 긍정적 효과보다 부정적 효과가 많은 것은 분명한 사실이다. 라인은 분명 장애요인이다.

라인의 폐해를 고치기 위해서는 인사시스템이 잘 가동되어야 하고 일정 정도는 기계적으로 공정하게 적용되어야 한다. 기계적 적용을 원칙으로 하되 적용에 의한 부작용 발생 시 이에 국한하여 보완을 하면 될 것이다. 철저한 시스템 인사만이 무능력자의 승진을 막을 수 있다. 블라인드 면접도 한 방법이다. 법의 여신이 왜 눈을 가리고 있는지 생각해야 한다. 정실인사·밀실인사도 지양되어야 한다. 인사절차를 투명화·개방화하는 것이 무엇보다 중요하다. 그 속에서 비로소 공정성 담보될 수 있다. 정실인사·밀실인사 하에서 사람들은 '개인'에게만 충성하지 '조직'에 충성하지 않는다.

"인사(人事)가 만사(萬事)다."

- 김영삼 전 대통령

② 경쟁과 독립의 경제학 – 위에서는 경쟁시키고 아래에서는 독립하라

"전체를 보는 거야. 큰 그림을 그릴 줄 알아야 작은 패배를 견뎌
낼 수 있어."

– *'미생'72) 중에서*

• 경쟁의 법칙 (리더의 측면) – 세상 모든 것은 경쟁해야 한다. 사람은 몸속의 정자에서부터 경쟁을 한다. 수억 마리 정자 중에서 단 한 마리만이 살아남는다. 경쟁 없이는 도태되고 누군가는 희생된다. 나태해지고 안주하게 되고 퇴보하게 된다. 독점기업은 망할 수밖에 없는 이치라고 할까. 조직의 운영에도 경쟁을 도입해야 한다. 대체군을 다양화해야 한다. 전문화시키되 그 힘을 분산시키고 순환시켜서 대체시켜야 한다. 누구라도 그 일을 할 수 있게 해야 한다. 특정인에게 의존하면 끌려다니게 된다. 힘을 분산시켜야 리더로서의 힘이 생긴다.

• 독립의 법칙 (부하직원의 측면) – 전적인 의존은 전적인 패배를 낳는다. 그 누구에게도 의존하지 않고, 독립적이어야 한다. 독립하고 자기 힘으로 일어서야 진정한 자유와 힘이 생긴다. 대체 가능할 때, 언제든 대체될 수 있기 때문에 독립적이고 유니크한 힘을 길러야 한다. 의존에서 오는 힘은 일시적이고 위험한 것으로 자기 힘이 아니기에 자기를 삼켜버릴 수 있다. 의존하는 자는 결국 의존

---

72) 윤태호 작, 웹툰. tvN 드라마로도 방영됨.

했던 자에 의해 무너지게 된다. 한순간에. 따라서 독립된 힘을 길러야 한다. 함께 있되 거리를 두고73) 객관적이고 냉철해야 한다. 진정 독립적이고 힘이 있을 때 자유로워질 수 있다. 진정한 자유를 얻을 수 있다. 독립하고 자립하자.

3) '갑과 을'의 경제학 - '갑질'을 막는 경제학적 방법

세상의 모든 권력 관계는 '갑(甲)'과 '을(乙)'의 관계로 나뉜다. 갑과 을이라는 용어는 계약서에 각 당사자들을 간략하게 지칭·표기하는 데서 기원했다. 돈을 주는 쪽이 '갑', 돈을 받고 일을 하는 쪽이 '을'이다. 통상 돈을 주는 갑이 우월적 지위를 가지게 된다. 계약상 대방을 교체할 수도 있고, 서비스나 제품 불만족에 대해 클레임을 걸 수도 있다. 납기나 조건을 유리하게 할 수도 있다. 을은 대체가 가능하고 (무수한 을이 있으므로) 을들간에 무한 경쟁을 해야 하므로 상대적으로 약자다. (간혹 유니크하고 독점적인 을이 있는데 이를 우리는 '슈퍼을'이라 부른다. 하지만 슈퍼을은 극소수밖에 없다.) 갑은 이러한 선택권과 대금 지급이라는 우월성을 이용하여 때로는 (혹은 자주) '갑질74)'을 일삼는다. 우월적 지위를 이용하여 부

---

73) 『그대가 곁에 있어도 나는 그대가 그립다』, 류시화 저, 푸른숲, 2002.
74) 갑을관계에서의 '갑'에 어떤 행동을 뜻하는 접미사인 '질'을 붙여 만든 말로, 권력의 우위에 있는 갑이 권리관계에서 약자인 을에게 하는 부당 행위를 통칭하는 개념이다. 인터넷에선 갑의 무한 권력을 꼬집는 '슈퍼 갑', '을

당한 요구를 하거나 진상을 부리고, 막말을 한다. 도덕적으로 비난할 순 있지만 한계가 있고 갑질은 계속 반복된다. 개인의 인성의 문제도 있지만, 힘 있는 자가 약자에게 힘을 과시하려는 사회 문화적 문제도 있다. 그럼 어떻게 해야 갑질을 막거나 최소화할 수 있을까? 경제학적 해결책을 찾아보자.

우선, 최선책으로는 '을'의 대체 가능성을 없애는 것이 있다. 갑·을간 우월적 관계의 핵심은 대체 가능성, 즉 을이 대체 가능하다는 데에 있다. 따라서 '을'을 대체 가능하지 않게 해야 한다. 을이 을만이 제공할 수 있는 상품, 서비스를 개발하고 대체 불가능해진다면 갑은 을의 상품, 서비스를 꼭 이용하고 싶어 하는 한, 갑질 행태를 중단할 수밖에 없다. 소위 말해 을이 역량을 키워 슈퍼 을이 되는 방법이다. 직장 상사·부하 간의 갑질 관계 등 대인관계에서의 갑질 문제에도 동일하게 적용된다. 대체 불가능한 '을', 유니크한 (Unique) '을'이 되자.

차선책으로는 '갑'의 수를 늘리는 것이 있다. 국민 소득을 증가시켜 구매력을 증가시키면, 구매할 수 있는 '갑'의 수가 많아진다. 그럼 을도 자연히 또 다른 '갑'을 선택할 수 있게 되고 (을이 선택할 수 있는 폭이 넓어지므로) 갑질을 일삼는 나쁜 갑을 거부할 수 있다. 을의 거부로 시장경쟁에서 선택받지 못한 나쁜 갑은 자연히 시장에서 도태된다. 경기가 나빠지면 갑질 사건이 많아지는데 이는

트라 갑'이라는 말이 떠돌고 있다. 갑처럼 군림하려 하는 사람을 일러 '갑 마인드'를 가진 사람이라고 한다. -『트렌드 지식사전』, 김환표 저, 인물과 사상사, 2013.

구매력 있는 '갑'의 숫자가 줄어들기 때문이다. 경기가 점점 나빠지는 요즘 갑질 사건이 유독 많아지는 것이 이를 증명한다. 근래 수년간 경제가 나빠졌고, 갑질 사건이 증가하였는데 이를 표로 정리해 보았다.

〈 경기 상태와 갑질 이슈화 빈도 〉

년도	경기 상태 (향후 경기전망 CSI[75])	포털사이트 '갑질' 키워드 검색결과 조회된 뉴스 건수[76]
2013년	96	831건
2014년	85	4,120건
2015년	84	26,793건

표-10) 경기 상태와 갑질 이슈화 빈도

우리는 표를 통해 경기가 나빠진 최근 3년간 갑질 이슈화 건수도 폭증하였음을 알 수 있다. 이처럼 나쁜 경기에서는 구매자는 적고 판매자는 많아져 갑질이 많이 증가한다. 따라서 경기가 좋아지고 소비자의 구매력이 커져야 갑질이 줄어들 수 있다. (경기가 좋아져 을이 선택할 수 있는 갑의 수가 많아지면 을은 좀 더 쉽게 나쁜 갑을 거부할 수 있다.) 결국, 경기를 진작시키고 구매력을 키워 '갑'의 수를 늘리는 것이 갑질을 줄이는 경제학적 해결책이다. '경기가 나쁘면 갑질 사건이 늘어난다.' 이는 우리의 옛 속담 '곳간에서 인심 난다'와 다른 말이 아닌 거다.

---

75) 소비자 동향조사(매년 12월 기준치임) – 한국은행 통계시스템 KOSIS / 숫자가 낮을수록 경기 상태가 나쁘다고 예측할 수 있음.
76) 네이버 포털 – http://www.naver.com/에서 2012. 1.1 ~ 2015. 12. 31까지 1년 단위로 조회·검색한 뉴스 건수 (검색어 '갑질')

4) 왕따의 경제학 - 무리(구별)짓기, 배제의 경제학

　무리 짓기. 태곳적부터 이어져 온 동물적 본능이라고는 하지만 현대에는 그 모습이 많이 변질되었다. 배척을 위한 무리 짓기, 이지메, 지역 차별, 학살도 집단 배제의 일환이다. 집단의 불만을 돌리고 표출시키기 위한 장치, 그리고 착취, 괴롭힘 그 자체에서 쾌락을 느끼는 악마적 본성, 모두 광기에서 비롯되었다. 앞서 본서 '3. 정치의 경제학 7) 지역 차별과 정치혐오의 경제학'에서 언급한 내용과 기본 작동원리가 동일하다. 차별의 경제학이 곧 왕따의 작동원리이다. '차별과 증오의 부추김을 통한 나머지 집단의 결속'으로 요약된다.

　무리 안에서는 그 무리에 남기 위해 더욱 충성하고 밖에서는 그 무리에 들어오려고 애쓴다. 고독, 외로움, 차별, 불이익, 소외감, 왕따 등을 피하기 위해 무리에 들어와야 한다. 그럼에도 불구하고 홀로 남기 위해서는 일단 강해져야 한다. 사람들은 강자를 괴롭히지는 않는다. 아니, 괴롭힐 수 없다. 집단에 속해있지 않아도 자유로울 수 있고 아쉽지 않다면 그는 강자이다. 강한 자는 자유롭다. 주류에 끼워달라고 굽실거리지 않고 마지막까지 당당하게 비주류로 남을 수 있는 자, 강한 자유인이 되자. 혼자면 또 어떤가.

　'소리에 놀라지 않는 사자와 같이 / 그물에 걸리지 않는 바람과 같이 / 흙탕물에 더럽혀지지 않는 연꽃과 같이 / 저 광야에 외로이 걷

는 *무소77)의 뿔처럼 혼자서 가라'*

-불교 경전 '숫타니파타'

　말 없는 다수의 동조 거부는 또 하나의 해결책이다. 묵시적으로 동조하다 보면 나도 언젠가는 희생양이 될 수 있다는 경각심을 가지고 왕따 행위에의 동조를 거부해야 한다. 다만 그러기 위해서는 상당한 용기가 필요하다. 동조를 거부하다가 또 하나의 왕따가 될 수 있기 때문이다. 유년기부터 교육과 학습을 통해 왕따 현상에 비판적인 태도를 기르고 이를 문화적으로 체화시키는 것이 해답이 될 수 있다. 결국 문화의 힘이다.

5) 인종주의의 경제학 – 다르다는 것, 좋거나 나쁘거나

　유럽인은 아시아인을 차별하고 아시아인은 또 아프리카인을 차별한다. (물론 아프리카인도 유럽인과 아시아인이 있을 때 아시아인을 더 차별하는 것 같다.) 인간의 본성에 잠재된 우월의식, 우월 DNA는 뿌리 깊은 본능이다. 교육에 교육을 거듭하고 문화의 힘으로 체화되어야 비로소 극복될 수 있다. 겉보기에 다르게 생긴 인종에 대해 이질감을 느끼는 것은 어찌 보면 본능에 가까운 일이고 또 당연한 일이다. 갓난아기도 외모의 좋고 나쁨에 반응을 한다고

---

77) 코뿔소

한다. 동화 속 이야기처럼 백조의 무리에 들어간 오리 새끼가 백조들에게 공격받고 배제되는 것은 자연의 섭리일 수도 있다. '다르다는 것'의 엄청난 무게감, 한국인이 아프리카 어느 국가에 홀로 남겨지면 엄청난 차별과 배척을 받을 확률이 크고, 마찬가지로 아프리카인이 한국에 홀로 남겨지면 마찬가지로 엄청난 차별과 배척을 받을 것이다. 무시당하고 놀림거리가 될 가능성이 농후하다.

이를 극복할 수 있는 일차적 해법은 조기교육, 다양성 교육, 그리고 이를 통한 공존·관용의 문화 정착이다. 모 정치인이 쓴 책 제목 '공존의 공화국을 위하여'처럼 공존의 문화가 필요하다. 단기간에 해결될 수 없는 장기 과제다.

그러나 국가 간의 차별만 놓고 볼 때는 이야기가 좀 다르다. 궁극적으로는 후진국가들이 좀 더 선진화되고 대등한 국력을 가질 때 근본적으로 일방적인 무시, 편견, 차별이 없어질 수 있다. 모국의 힘이 강력할수록 그 국민은 다른 나라에 가서 차별받지 아니한다. 일본인은 아시아인이지만 강한 국력 때문에 세계 어디에서도 차별받지 아니하고 서구 유럽국가 국민과 대등한 대우를 받는다. 대등한 힘은 차별을 극복하는 가장 강력한 힘이다. 사람들은 대등한 자에겐 차별하지 않는다. 약한 자에게만 차별한다. 따라서 차별받는 국가, 민족은 힘을 길러 대등한 주체로 일어서야 차별에 대항할 수 있고 인종주의도 해소할 수 있다.

인종차별이 극심했던(지금도 사라졌다 할 수 없지만) 미국의 60대의 상징적인 두 흑인 인권운동가 (이미 언급했던) 말콤 X와 마틴 루터 킹의 삶은 흑인 인권운동의 두 갈래를 상징적으로 잘 보여준다. 말콤 X로 대변되는 분리주의, 마틴 루터 킹으로 대변되는 통합주의가 그것이다. 개인적으로 말콤 X의 삶과 주장이 더 울림 있게 다가왔지만, 정/반/합처럼 두 사람의 사상을 조화롭게 융합시키되, 궁극적으로는 말콤 X의 '문제의식'을 계승하고 마틴 루터 킹의 '통합주의'로 가는 것이 옳은 길이라고 생각한다.

"나의 친구인 여러분들에게 말씀드립니다. 고난과 좌절의 순간에도, 나는 꿈을 가지고 있다고. 이 꿈은 아메리칸 드림에 깊이 뿌리를 내리고 있는 꿈입니다. 나에게는 꿈이 있습니다. 언젠가 이 나라가 모든 인간은 평등하게 태어났다는 것을 자명한 진실로 받아들이고, 그 진정한 의미를 신조로 살아가게 되는 날이 오리라는 꿈입니다.

언젠가는 조지아의 붉은 언덕 위에 예전에 노예였던 부모의 자식과 그 노예의 주인이었던 부모의 자식들이 형제애의 식탁에 함께 둘러앉는 날이 오리라는 꿈입니다. 언젠가는 불의와 억압의 열기에 신음하던 저 황폐한 미시시피 주가 자유와 평등의 오아시스가 될 것이라는 꿈입니다. 나의 네 자녀들이 피부색이 아니라 인격에 따라 평가받는 그런 나라에 살게 되는 날이 오리라는 꿈입니다."

- 마틴 루터 킹 "나에게는 꿈이 있습니다."(1963) 연설 중에서[78]

6) 학벌과 엘리트주의의 경제학

① 학벌의 경제학 - '성급한 일반화의 오류' 와 '게임 참여자의 오류'

학벌이 20대 이후의 대부분의 삶을 규정한다. 주홍글씨처럼 '어느 대학을 나왔다고 하면' '그 대학'으로 사람의 능력치를 평가한다. 특정 대학을 나오면 그 사람의 실력도 특정 대학을 입학하던 당시의 수능성적(혹은 학력고사)의 수준이라고 생각하는 '성급한 일반화의 오류'를 범한다.(대입은 총력전이기는 하지만 20살 무렵의 단 한 번의 평가가 30살, 40살, 50살에도 적용되는 것은 분명 비합리적이다)

'성급한 일반화의 오류'와 더불어 학벌주의에 대한 잘못된 논리(특히 비판을 무력화시키는 논리)는 바로 '게임 참여자의 오류'이다. '너도 게임에 참여했으니 (게임에 진 이상, 혹은 게임의 결과에 의해 부여받은 지위, 결과물에 대해) 왈가왈부하지 마라.' 는 논리(게임에 참여한 이상 결과에 무조건 승복하라)가 그것이다. 게임의 룰이나 게임의 판 자체에 대해 이의를 제기치 못하게 하는 원천봉쇄의 오류도 이의 일종이다. 또한 학벌에 대한 비판은 루저나 패배자의 자격지심, 못난 자존심 따위로 치부되어 비난받는다. 이러한

---

78) 마틴 루터 킹 - 링컨 기념관 연설 "나에게는 꿈이 있습니다."(1963. 8. 28.)
   중에서 – 네이버 지식백과
   http://terms.naver.com/entry.nhn?docId=1714350&cid=43938&categoryId=43952

논리 하에서는 오직 학벌 카스트의 최정점에 있는 서울대 출신만이 (그 안에서도 상위 인기학과만이) 비로소 '공정하게' 비판할 수 있는 '자격'을 얻는다. (그러나 그마저도 쉽지 않은 것이 동급집단에서 욕을 먹어가면서까지, 힘들게 얻은 막대한 기득권을 포기할 유인이 없다. 최고 학벌이라는 이익 공유자의 동종의 카르텔을 깨고, 내부 고발자 혹은 조직의 배반자로 낙인찍혀가면서까지 이 같은 역할을 수행하기를 기대하기가 쉽지 않다).

학벌이 고착화되면 사람들은 20대 이후로 노력을 포기하게 되고 (학벌의 벽은 노력할 유인을 제거하고 잠재적 경쟁 에너지를 고갈시킨다), 학벌주의, 파벌주의가 사회에 만연해진다. 사회적 편견, 차별도 고착화된다. 패자부활전이 허용되도록, 학벌이 고착화되지 않도록 계속적인 기회를 부여하고 경쟁시키는 것이 사회의 낭비되는 막대한 기회비용을 줄이는 길이다.

대안으로는 서울대학교의 대학원 전환, 기업 입사 시 학교명 기재금지의 법제화, 지방대학 우대 및 정부지원금 우선 교부·육성, 학벌 차별금지위원회(혹은 학벌 차별 신고센터) 발족, 대입제도의 다양화(획일화 금지), 대학의 개방화, 대학원 교육의 강화 등이 있다. 장기적으로는 사람이 실력으로만 평가받는 능력 중심사회, 실력 중심사회가 되어야 하고 그러한 사람 중심주의의 문화가 뒷받침되어야만 학벌주의의 문화가 사라질 수 있다. 아직 요원하다.

② 엘리트주의의 경제학 - 신(新) 신분 사회의 단상

엘리트 : 어떤 사회에서 우수한 능력이 있거나 높은 지위에 올라 지도적 역할을 하는 사람79)

각 사회마다 지배계층이 있다. 신라시대 성골, 진골, 고려시대 문벌귀족, 권문세족, 그리고 조선시대 양반과 사대부80)이다. 한국을 지배하는 세력은 주류 엘리트층이다. 좋은 집안, 좋은 학교를 나와 좋은 직장에 다닌다. 여론을 형성하고 정·관·재계 곳곳에 포진해있다. 엘리트들이 국가와 사회를 이끌어가야 한다는 주장, 여기서 엘리트주의81)가 나온다. 엘리트주의는 선민사상(특정한 민족이나 집단만이 신(神)에게 선택되어 구원된다는 사상) 혹은 신 계급주의적 사상으로 흐를 수 있다. 폐쇄적 엘리트주의가 그렇다. 우월함에 기반하여 타 집단(타 계층)에 대해 배척하고 배타적 태도를 취하기도 한다. 소위 말하는 그들만의 리그를 펼치는 것이다. 개천에서 용 난다는 말은 점점 과거의 말이 되고 있다. 각종 신문기사가 이러한 사회흐름을 반영한다.82)

하지만 역사에서 그렇듯이 신분 계층이동이 자유롭고 열린 국가 훨씬 역동적으로 발전해왔다. 서부개척시대 계층이동이 자유로웠던

---

79) Daum 어학사전
80) 관제상의 문반과 무반을 지칭하며, 넓은 의미로는 고려와 조선시대의 지배 신분층을 지칭한다. – Daum 백과사전
81) 뛰어난 능력을 가진 소수의 사람이 사회나 국가를 지배하고 이끌어야 한다고 여기는 입장 - Daum 어학사전
82) "부모 재력이 곧 자녀 학벌…'성공 사다리' 사라지나?" - YTN 2015. 9. 14.

미국이 대표적 예다. 반면 인도(카스트 제도)나 기타 왕정국가 등 신분 상승이 어려운 국가는 오늘날까지 발전이 더디다. 양반 출신이 아니면 과거조차 볼 수 없었던 조선시대. 대한민국은 다시 조선시대(헬조선)로 돌아가고 있다. 양반(금수저), 상놈(흙수저)의 신분제 세상이 되고 있다. 계층 간의 이동이 자유롭고 누구도 엘리트가 될 수 있고 누구도 엘리트가 아닐 수 있는 사회, 소수의 엘리트나 특정 계층만이 아닌 모든 사람들에게 신분 상승의 기회가 보장된 사회, 궁극적으로는 그러한 신분에 대한 인식조차 없는 사회가 되어야 한다. 덴마크에서는 웨이터도 의사보다 행복할 수 있다고 한다.83) 우리도 할 수 있다.

7) 한(限), 연좌제 그리고 시위의 경제학

① 한(限)의 경제학

한(限) : 몹시 원망스럽고 억울하거나 안타깝고 슬퍼 응어리진 마음84).

우리 민족은 한(限) 많은 민족이다. 유사 이래로 한반도의 지정학적 이유로 수많은 외침을 받았고 (외침의 과정 속에 수많은 장

---

83) '덴마크 웨이터가 한국 의사보다 행복한 이유' - 오마이뉴스 2014. 10. 6.
84) 네이버 국어사전

병, 양민이 학살되었다), 가난과 굶주림에 시달렸으며, 나라를 빼앗기고 남북분단과 동족상잔의 비극까지 겪었다. 이에 더하여 독재시절에 행해진 무수한 고문, 투옥, 학살, 빨갱이 낙인찍기, 그리고 삼풍백화점 붕괴 사고 및 최근의 세월호 사건 등 인재(人災)로 인한 대형 참사로 한민족의 역사는 일명 비극의 수난사라 할 수 있다. 한은 풀리지 않은 응어리인데 그것이 억울하게 맺히고 맺혀서 고형화된 것이다. 4·3 사건, 전라도 사람들에 대한 차별과 광주학살의 한 등은 김대중 전 대통령의 집권으로 일부 해소되기도 하였지만 아직 현재 진행형이다.

한을 풀기 위해서는 한을 맺히게 한 원인을 찾아 해소해야만 한다. 우리나라는 개개인의 불운으로 한이 맺힌 경우도 있지만 국가가 개인에게 가한 가해로 한이 맺힌 경우가 대다수이다. 정치가 한을 풀어주지는 못할망정 오히려 한을 쌓이게 하는 것이다. 가해자의 합당한 처벌과 진심 어린 사과, 반성 없이는 피해자의 한은 풀리지 않는다. 인과응보(因果應報), 권선징악(勸善懲惡) 등 학창시절 줄기차게 들어온 고전(古典)의 기본원리는 오직 교과서에만 박제되어 있다.

선진국인 서구 유럽에는 한(限)이라는 단어가 없다. 그나마 비슷한 단어인 resentment[85]는 '분함, 억울함, 분개'를 나타내는데 이는 단기적인 기분의 상태를 나타낼 뿐이다(반면 한은 수년 ~ 수십년간 축적된 장기간의 개념이다). 서구 선진국에서 비극은 있어도

---

85) 네이버 영어사전

곧 해결되고, 비극이 해소되지 않고 응어리지는 일이 많지 않아서라고 생각된다. 또한 분함이 한으로 응축되기 전에 어떻게든 국가가 나서 국민의 한을 풀어주고 시스템적, 제도적으로 모순을 해결하려 하기 때문일 거다. 한이 맺힌 많은 사람들은 국가의 방임, 방관, 무관심에 더욱 좌절한다. 결국 사람들은 사적 시스템인 개개인의 연줄, 지연, 학연을 동원할 수밖에 없고 그러한 '빽'조차 없는 사람은 한을 풀 방법이 없다.

한(限)이 없는 사회가 선진사회이고 더욱 발전된 사회다. 한(限)이 많은 사회는 후진사회이며 전근대화 사회이다. 오늘날의 대한민국은 선진사회인가? 국가가 나서 (공적인 시스템을 통해) 한(限) 맺힌 사람의 한(限)을 풀어주고 눈물을 닦아주는 그런 나라를 그려본다.

② 연좌제의 경제학 – 걸리면 다 죽는다?

"모든 국민은 자기의 행위가 아닌 친족의 행위로 인하여 불이익한 처우를 받지 아니한다" – 대한민국 헌법 제13조 3항

연좌제는 징벌제도 중 가장 비겁한(?) 제도 중 하나이다. 잘못한 사람이 가족 혹은 친족이라는 이유로 본인이 저지르지 아니한 죄를 이유로 처벌하는 것으로, 헌법에서도 명문으로 금지하고 있다. 조선시대에는 반역을 꾀한 자는 3대를 멸하게 했고, 오늘날 북한에서도 연좌제를 실시하고 있다고 한다.[86] 학창시절에도 누군가 잘못

을 하면 단체 기합을 받거나 한 명이 떠들면 반 전체가 벌을 받는
등 학교생활 곳곳에 연좌제 문화가 물들어 있었다. 교실에서 도난
사건이 발생하면 범인이 자수할 때까지 반 전체 학생들이 기합을
받는 장면도 익숙한 풍경이다. 성인사회에서도 특정지역 출신이나
특정학교 출신(특히 소수계파)이 잘못하면 그가 속한 소수계파가
모조리 책임을 떠안고 매도당하는 경우가 많다. 변화된 연좌제다.

정치적으로는 체제비판이나 정부비판을 효과적으로 억제하려는
목적으로 연좌제를 행한다. 가족 등 가까운 주변사람을 처벌함으로
서 당사자에게 심적으로 커다란 고통을 가함으로써 다른 사람이 같
은 행동을 하지 않게 하는 예방적 효과를 노린다. 주로 독재국가나
유사독재국가에서 행해지고 있다.

특히 체제비판이나 정부를 비판할 때 연좌제를 가장 가혹하게
적용하는데, 정통성 없는 권력자는 권력을 잃는 것을 가장 두려워
하기 때문이다. 결국 가장 비도덕적 정부가 권력을 유지하기 위해
가장 비도덕적인 방법인 연좌제를 통하여 국민을 억압하는 거다.
연좌제 속에 남는 것은 상호 불신, 두려움, 나서는 자에 대한 증오
와 원망, 맹목적 충성 그리고 인간관계의 파탄뿐이다. 연좌제는 획
일화된 상호감시 사회로 가는 지름길이다. 경제적으로 보아도 독점
시장과 다름없다. 다양한 주장과 의견이 경쟁하지 못하고 강제적으
로 억압되어 사회에 손실을 가져온다. 선진국에는 연좌제가 없다.

---

86) 노컷뉴스 '국제인권단체들 – 북한인권상황 악화' 2016. 2. 16.
   http://www.nocutnews.co.kr/news/4539768#csidxfwaeG

죄인의 인권도 존중한다. 인류가 만든 가장 비겁한 형벌인 연좌제. 대한민국에는 연좌제가 있는가? 여러분의 답을 기다려본다.

③ 시위의 경제학 – 아버지의 눈물

시위는 약자들이 자신들의 의견이나 억울함을 표출하기 위한 마지막이고도 유일한 수단이다.

여러 사회고발 프로그램 등에 피해자의 사연 중 단골처럼 등장하는 말이 있다. 바로 피해자 아버지의 다음과 같은 말이다. "이 아비가 힘이 없어서, 능력이 없어서 너를 지켜주지 못했구나."다. 아버지가 힘있고 능력이 있어야만 자식을 지킬 수 있는 사회 – 이 사회가 정상적인 사회인가? 이미 약육강식의 정글과 다를 바 없다. 선진사회라면 아버지(부모)의 힘과 능력이 아닌 사회시스템과 사회 안전망을 통해 개개인의 안전을 지켜주고 억울함을 풀어주어야 마땅하다. 그런데 한국 사회는 그렇지 못하다. 그래서 개개인이 스스로의 힘을 키워 안전을 지키고 억울함을 풀 수밖에 없다.

시위는 그러한 개인들(특히 약자들)의 마지막 표현 수단이다. 전태일도 그랬다. 봉제공장 노동자들의 열악한 상황을 알리기 위해 '분신'이라는 극단적인 방법을 택했다. 모든 언로가 막힌 상황에서 현실을 세상에 알리기 위한 가장 확실한 방법이었으리라. 강자는 시위를 할 필요가 상대적으로 적다. 억울함을 호소할 만큼의 억울한 일을 겪지도 않고, 설사 겪는다고 해도 언론이나 검경 등 수사기관에 충분한 영향력을 행사할 수 있기 때문이다. 물론 강자의 이권이 침해당했을 때 위력을 보여주기 위한 (강자의) 과시적 시위도 일부 존재하지만, 대다수의 시위는 약자가 부당함을 호소하기 위한 약자의 호소적 시위다. 약자는 부당한 일을 자주 당하지만 그러한 일이 언론 등을 통해서 잘 알려지지 않기 때문에 시위라는 최후의 수단을 쓸 수밖에 없기 때문이다.

시위할 수 있는 권한은 헌법상 보장된 국민의 기본권임을 잊지 말자.

헌법 제 21조 1항 "모든 국민은 언론, 출판의 자유와 집회, 결사의 자유를 가진다"

따라서 국가는 1인 시위는 물론 시위의 자유는 최대한 보장해야 한다. 물론 폭력시위는 결코 정당화될 수 없다. 약자의 시위건, 강자의 시위건 폭력은 안된다. 오직 평화시위여야 한다. 시위를 막기 위해 허위등록한 유령 시위도 안된다. 이 역시 시위의 자유를 침해하는 것이기 때문이다. 우리나라가 좀 더 시위에 관대하고 시위의 자유를 더욱 잘 보장하는 나라가 되기를 바란다. 자식이 억울한 일을 당해도 이 땅의 아버지 혹은 어머니들이 더 이상 가슴을 치며 "이 애비(어미)가 못나서, 이 애비가 힘이 없어서"라고 눈물짓지 않는 세상이 오기를 기원한다.

8) 대형 로펌 / 대형 병원의 경제학

- 우리들의 우상, 검은 거탑과 하얀 거탑[87]

① 대형로펌

로스쿨과 의대(혹은 의학전문대학원) 진학은 많은 청춘들의 로망이다. 안정적 고소득 전문직에 대한 향수 때문이다. 그러한 로망의 정점에 있는 대형 로펌 및 대형 병원을 해부해보자.

대형 로펌은 거대한 제국이다. 정·관·재계를 좌지우지하며 막강한 영향력을 행사한다. 퇴임 후 고문역, 자문역으로 가기 위해 현직에 있을 때 미리미리 대형 로펌에 우호적인 관계를 형성해 놔야 할 유인이 있다. 그래야 노후가 편하다. 대형로펌의 경우 천문학적인 자문료·수임료 때문에 주 고객은 대기업, 그룹총수 혹은 재력 있는 사람들이다. 대신 막대한 비용만큼 확실한 결과를 보장한다. 유전무죄, 무전유죄의 말도 괜히 나온 것이 아니다.

퇴임 후 업무 관련 분야의 자문역으로 가는 것을 더욱 엄격하게 금지해야 한다. 그래야 연쇄 순환고리를 끊고 유착관계를 막을 수 있다. 일반인들에게 문호를 개방하고 누구나 쉽게 이용하게 하기 위해, 일부 대형 로펌의 법률시장 독점을 막고 중소로펌들을 양성해야 한다. 더 많은 변호사를 선발해서 법률서비스의 혜택이 사회 약자층, 소외계층에게까지 돌아가게 해야 한다. 로펌 간의 경쟁 혹

---

87) 하얀거탑 : 2006년 인기리에 방영된 MBC 드라마 제목

은 변호사들의 경쟁은 법률서비스의 가격은 낮추고 질을 향상시킨다. 경쟁의 효과다. 법률시장에서도 치열한 경쟁을!

② 대형병원

대한민국 대형 병원은 '갑'이다. 경제학에서 흔히 말하는 레몬시장 혹은 중고차 시장의 딜레마처럼(이른바 정보의 불균형) 의사가 의학적 정보를 독점하므로 의료진의 과실이나 잘못이 그냥 덮히거나 불가항력 등으로 포장되어 유야무야되는 경우가 많은 듯하다. 또한 혹여나 치료 중인 환자에게 불이익이 갈까 봐 의사의 고압적, 권위적인 태도에 강하게 항의 한번 못하는 환자가 얼마나 많은가? (물론 합리적 이유 없이 생떼만 쓰는 진상 환자와 가족들도 많다)
병원의 횡포를 막기 위해서는 의료 관련 법규가 좀 더 환자에게 유리하게 제정되어야 한다. (법의 제정 목적과 지향점은 의사의 권익향상이 아니라 환자의 권익향상이어야 한다. 의사는 이미 강자이고 환자는 약자이기 때문이다. 약자를 보호하는 것이 법의 의무다. 강자는 법 없이도 스스로를 보호할 수 있다. 그러나 약자는 그렇지 못하다) 또한 변호사가 그렇듯이 의사의 수도 확대하여 경쟁을 통해 고객(환자)에 대해 서비스의 질을 높여야 한다. 의사 간의 경쟁, 병원 간의 경쟁은 가격은 낮추고 서비스의 질을 높인다. 의료소송의 경우 입증책임을 의료진에게 부여하여 의료진이 과실 없음을 입증하지 못하는 이상 의료진이 책임지게 해야 한다. 의료지식이 없는 환자(피해자) 측에 고도의 의학지식이 필요한 사항에 대해 입증 책임을 지게 하는 것은 너무 가혹하고 형평성에 맞지 않다.

9) 환경의 경제학

실제 사례다. 주택가 근처의 차량 도색 가게에서 유해물질과 가스가 방출된다. 주변 이웃들은 항의도 해보고 가게주인과 다투기도 하지만 해결책이 없다. 그 사람도 생계를 위한 일이므로 일방적으로 비난만 할 수도 없다. 속 터질 노릇이다. 다만 거주지 한복판에서 그런 유해물질을 방출하는 것은 선진국에서는 꿈도 못 꿀 일인 것임에는 틀림없다.

환경피해를 입는 약자의 삶은 비민주국가에서 더욱 비참하다. 환경피해에 대해 이의를 제기할 정식화된 창구가 없다. 사적인 루트를 통하는 것이 대부분이고 공식 루트는 협소하기만 하다. 더욱이 힘 있고 부유한 사람들은 환경 좋은 부자 동네에서 주로 거주하기 때문에 환경에 무심하며 (원래 좋은 환경에서 살다 보니 최후의 환경오염이 그 지역을 덮칠 때까지 무심할 수 있다) 자신들의 힘과 빽을 쓸 환경문제 자체가 잘 발생하지 않는다. 강남 부촌에 원자력발전소를 짓는다는 일이 상상조차 가능할까? 고압 송전탑을 강남 한복판에 세우는 일이 가당키나 할까? 그렇기에 밀양 송전탑 문제가 더욱 절실하게 와 닿는다. 마을 할머니 할아버지들은 사회적 영향력을 끼칠 힘이 없는 '약자'이기 때문에 오직 온몸으로 저항할 수밖에 없다. 사드도 마찬가지다. 힘 없는 농민들은 (국가 안보를 위해서!) 온몸으로 전자파 노출을 감내해야 한다. 사드를 강남에 배치하는 상상을 해본다. 민란이 발생할 것이다.

비민주적 사회는 가난한 사람이 주거환경에서도 차별을 받고 환경문제로 피해입은 사람이 절차적으로도 잘 구제받지 못하는 사회다. 비민주적 사회에서 환경문제는 단기적으로는 약자의 거주 환경 악화로, 장기적으로는 환경재앙 귀결된다. 체르노빌 사건 등 과거 소련을 비롯한 동구권 독재국가들에서 일어난 엄청난 환경재앙도 비민주적 시스템에 그 재앙의 뿌리가 있음을 기억해야 한다. 밀양과 성주를 기억하자.

6장 아픔의 경제학 - 아픔 없는 세상을 위해

1) 세월호의 경제학 - 덮으려는 자와 밝히려는 자

"진실을 덮으려는 자 - 그자가 범인이다."

- 작자미상

　'대통령님, 힘 없는 아빠 단식하다 죽으면 유민이 옆에 묻어주세요'[88] 힘 있고 없음에 따라 희·비가 엇갈리는 나라. 힘 없는 아빠는 거리로 내몰리고 자식의 죽음 앞에서도 무력해질 수밖에 없는 나라, 세월호 사건으로 본 대한민국의 현실이다. 암담하다. 지난 대선에서 '사람이 먼저다'라고 외쳤던 후보가 낙선했다. 공교롭게도

---

88) 김영오(故 김유민양의 아버지), 세월호 단식투쟁 중 등에 붙인 팻말

세월호에서 국가는 '사람을 먼저' 구하지 않았다. '사람 우선 가치'
는 패배하였다.

그 희생자가 내가 아님을, 내 가족이 아님을 그저 감사해야만 하
는가. 참담하다. 정부는 왜 특별법 제정에 반대하는가? 감추고 숨
길 것이 없다면 응하지 않을 이유가 없다. 특별법을 통해 뭔가가
드러나지 않기를 원하는 것은 아닐까? 유가족들을 적으로 몰고 대
충 덮고 가려 하는가? '진실을 덮으려는 자 - 그자가 범인이다' -
라는 문구가 절묘하게 상황과 들어맞는 듯하다. 사고는 반복될 것
이며 국가는 서서히 무너져 갈 것이다. 약육강식, 정글의 법칙이
세상을 지배한다. 그런 세상에서는 가장 힘 없는 자부터 착취당하
고 고통을 당한다. 힘 있는 자들은 어떤 상황에서도 끝까지 살아남
는다.(조선의 국권상실 후 사회 다수의 엘리트들은 친일로 돌아섰
고 호의호식했다.) 힘 없는 자들만 살아남지 못한다.

2) '가자지구'[89]의 경제학 - 피해자에서 가해자로

나치에 의해 학살당한(약 600만명) 유대인들이 그들이 당한 것
을 그대로 팔레스타인에 돌려주고 있다. 심하게 폭행당한 피해자가

---

89) 이스라엘 북동쪽의 웨스트뱅크(West Bank)와 함께 잠재적 팔레스타인의
영토로 상정된 곳으로 팔레스타인 남서부, 이집트와 이스라엘 사이에 위치
함. 1994년 5월부터 팔레스타인들의 자치가 시작된 곳임. - 네이버 시사상
식사전

또다시 가혹한 가해자로 둔갑한다. 그들은 무너진 것인가? 그렇다. 그들은 무너진 것이다. 그들은 최소한 그들을 가해한 사람(나치)에게 반격하고 복수를 해야 그나마 정당성을 인정받을 수 있지만 원주민에 불과한 (힘 없는) 팔레스타인을 상대로 공격을 자행하고 있다. 여자, 아이 할 것 없이 무차별적으로 공격한다. 그들이 당한 학살의 트라우마가 최악의 형태로 반복ㆍ발현되는 거다. 방관하는 미국의 잘못도 크다 (미국 수뇌부에 큰 영향을 미치는 유대계의 존재 때문에 대통령도 어쩔 수 없어 하는 것인지도 모른다.)

폭행에 대한 폭행이 최소한의 정당성을 갖는 경우는 그 가해자에게 대한 반격의 의미로서의 '정당방위' 일 때 뿐이다. 이스라엘의 팔레스타인에 대한 공격은 정당성도, 명분도, 도덕성도 없다. 폭력의 피해자가 더 가혹한 가해자가 되는 최악의 모습, 무너진 모습을 볼 뿐이다. 나치 아우슈비츠 수용소를 경험한 빅터 프랭클[90]은 다음과 같이 말했다고 한다. '극한의 체험을 한 사람들은 두 가지 모습으로 바뀐다. 성자가 되거나 돼지가 되거나.' 이스라엘이 성자의 모습을 보여줄 수 있기를 진심으로 기대한다.

---

90) 빅터 프랭클 [Viktor Frankl] (1905 ~ 1997) : 독일 출신의 정신분석학자. 아우슈비츠 수용소 체험을 통한 '로고테라피 이론'을 창시함.

3) 아동학대의 경제학 - 임금이 오르면 아동학대가 준다?
(아동학대를 막는 효율성 임금이론)

생명의 신비함. 아이를 볼 때 생기는 이 성스러운 느낌, 모든 어린 영혼은 순수하다. 그래서 선악의 양면을 가졌지만. 아이는 어른의 스승이다. 아이 양육은 힘든 만큼 그 이상의 깨달음과 기쁨을 준다. 아이에게서 배운다. 세상의 모든 생명이 어린 시절을 겪지만 그 순수성을 이내 잃어버린다. 세상 모든 나라 사람이 아이들로만 가득 찼다면 혐오, 시기, 공포, 질투, 분노, 폭력, 살인 등은 일어나지 않을 것이다. 총칼 대신 딸랑이와 장난감을 가지고 있는 아기들을 상상해보자……. 딸랑이와 장남감은 남을 해치지 않는다. 본인의 즐거움을 위해 잡고 있는 것일 뿐 (때론 함께 공유하며 기쁨도 나눈다) 아이의 그 순수성과 맑음이 퍼진다면 세상은 분명코 평화롭고 아름다워질 것이다. 이쁘지 않은 아이는 없다. 나쁜 아이도 없다. 세상에서 가장 순수하고 아름다운 영혼은 단연코 아이의 영혼이다. 그런 의미에서 아이는 항상 옳다.91)

이처럼 한없이 맑고 순수하지만 힘 없는 어린 약자를 학대하고 구타하고 가혹행위를 일삼는 자들이 많다. 특히 영·유아에게는 엄마·아빠가 세상의 전부일 텐데 그 세상의 전부로부터 학대·공격을 당한다면 남는 것은 지옥과 절망 그리고 죽음뿐일 것이다. 선진국의 사례처럼 아동학대가 이루어지면 부모라도 현장에서 긴급체포해

---

91) '하루 10분 내 아이를 생각하다', 서천석 저, 비비북스, 2011

야 하고 이웃 주민도 적극 신고할 수 있도록 제도를 정비해야 한다. 아이의 보호에 대한 책임은 부모 이전에 국가에게 있다. 이유는 단 하나, 아이는 아무 잘못 없는 약자이기 때문이다. 앙앙 울어 대는 것 외에는 아무 저항조차 할 수 없는 어린 영혼을 괴롭히고 학대하는 것은 가장 사악한 행동이다. 최근 유난히도 (심지어 친부모에게 당하는) 아동학대의 뉴스[92]가 빈발해지고 있다. 사회적 분노가 약자에게로 향하는 안타깝고도 무서운 현상이다. 아이를 지켜야 한다. 어리고 순수한 영혼을 보호하자.

단기적으로, 어린이집이나 유치원 등에서 보육교사에 의해 행해지는 폭행·아동학대는 보육교사에 대한 대폭적인 처우개선으로 상당부분 해소할 수 있다. 급여와 처우가 좋아지면 자연히 우수인력이 몰리고, 지원자가 많아져서 기존의 인력난으로 인한 과중업무(그리고 그로인한 스트레스)가 사라진다. 잡무만 줄어들어도 교사들은 아이에게 더 집중할 수 있다. 또한 높은 급여와 좋은 처우 때문에 스트레스를 덜 받게 되어 아이들에게 더 잘한다. 높은 급여와 좋은 처우는 보육교사에게 그 자리를 잃지 않기 위해 아이들에게 더 잘하게 하는 강력한 유인이 된다. 이는 경제학에서 말하는 효율성 임금이론 - '근로자의 임금이 높으면 이직률이 줄어들어 생산성 유지는 물론 직장을 잃지 않으려고 열심히 일할 것이므로 자연히

---

92) '아동학대 사망자, 더 있을 가능성도' - KNN 2016. 2. 15.
　'두 딸 방임' 엄마 "큰딸 학대로 사망... 경기도 야산에 매장" 자백 - 머니투데이 2016. 2. 15.

생산성이 올라간다는 이론'93) 과 같은 맥락이다. 보육교사에게 제공되는 높은 임금은 '아이를 잘 돌봄'이라는 높은 생산성으로 이어지고 직장을 잃지 않기 위해 열심히 아이를 돌보게 되는 것이다. 하루속히 보육교사의 급여를 인상하고 처우를 개선하자. 잡무를 줄이자. 그래야 아동학대가 줄어든다.

장기적으로는 국가와 사회의 지원과 돌봄이 필요하다. 가정문제로 방치된 아이들, 부모로부터 학대받는 아이들은 더 이상 갈 곳이 없다. 이들을 위해 국가와 사회가 나서야 한다. 돌보고 지원해야 한다. 모든 아이들은 행복하게 자라고 양육 받을 '권리'가 있다. 아이는 국가의 미래다.

4) 일베의 경제학 - 약한 놈만 팬다?

일간베스트에서 시작된 일베 현상94)은 청년층의 좌절된 욕구의 불만이 사회·경제적 약자에게 분노와 조롱을 표출하는 형태로 나타난 사회적 폐단이다. 그 근저에는 청년을 좌절하게 만드는 사회시스템의 모순이 자리 잡고 있다. 야당과 진보세력 그리고 사회적 약자에게 가해지는 일베의 공격, 테러들. 만약 정권이 바뀌고 진보세

---

93) 효율성 임금이론 - 네이버 지식백과- 매일경제용어사전
http://terms.naver.com/entry.nhn?docId=17956&cid=43659&categoryId=43659
94) 일간베스트에서 활동하던 극우성향의 인터넷 유저들, 여성, 장애인, 진보, 약자 등에 매우 공격적 극우적 태도를 보인다.

력이 집권한다면 일베는 여전히 진보세력, 사회적 약자를 공격할까? 절대 아니라고 본다. 집권세력이 바뀌는 순간, 그들은 분명 또 다른 약자층을 찾아 나설 것이다. 그들은 힘 있는 자, 강자를 공격하지 않는다. 약자만이 그들의 먹잇감이다. 소수민족인 유대인을 공격함으로써 사회의 분노와 모순을 돌리는 독일 나치즘의 모습이 이들에게 투영된다. 이들의 행태는 분명 나치즘 혹은 파시즘의 전조인 것 같다. 심히 우려스럽다. 사회시스템의 모순이 근본적으로 해결되지 않고는 일베는 결코 사라지지 않을 것이다.

7장 기타의 경제학

1) 영화와 예술, 그리고 철학의 경제학

• 영화 – 경제학의 렌즈로 영화 보기

월스트리트95), 월 스트리트 : 머니 네버 슬립스96), 더 울프 오브 월스트리트97), 작전98), 그리고 최근의 빅쇼트99) 등에 이르기까지 경제에 관련된 많은 영화들이 있다.

영화는 감독이 세상에 하는 말(메세지) – 이라는 지론에 비추어

---

95) 올리버 스톤, 1988.
96) 올리버 스톤, 2010.
97) 마틴 스콜세지, 2013.
98) 이호재, 2009.
99) 아담 맥케이, 2015.

볼 때 경제 영화들이 보여주고 싶은 것은 결국 탐욕을 부리며 안 된다는 것과, 절제의 미덕을 가져야 한다는 거다.(덧붙이자면 일확천금의 허무함 : Easy come, Easy go의 철학도 있다). 스토리는 크게 두 부류로 나뉜다. 주인공이 잘 나가다가 실패한다. 친구와 연인 모두 떠나고 좌절하다가 결국 이를 극복하고 보란 듯이 성공해 모든 것을 되찾아 온다. 이러한 해피엔딩이 첫 번째 부류다.

두 번째는, 밑바닥에서 시작해 부단한 노력으로 정상까지 올라간 주인공이 더 큰 탐욕을 부리다 나락으로 떨어져 돈, 명예, 가족도 모두 잃고 비참한 말로를 맞이한다는 부류다.

마지막으로 최근 영화 '빅쇼트' 처럼 사회적 탐욕과 지배계층의 비도덕성이 경제위기를 불러왔음을 비판적 시각에서 보여주는 영화도 있다. 경제를 공부하는 영화애호가의 한사람으로서 이러한 경제 영화가 많이 나오는 건 영화 지평을 확장하는데 좋은 현상이다. 올리버 스톤, 마틴 스콜세지 등 거장이 만든 위 경제 영화들을 한 번쯤 감상하기를 추천한다. 영화 속에서 경제를 보자.

· 예술의 경제학

예술은 위대하다. 그 중 (논란은 있겠지만) 예술의 최고치라고도 불리는 '음악'에 대해 이야기해보자. 실로 음악은 위대하다.(물론 타 분야 예술도 모두 위대하다) 사람의 기분을 바꿔주고 흥을 돋우고 희망을 주기도 한다. 흑인영가는 노예 시절 흑인들의 고된 노동을 이겨내게 해준 버팀목이 되기도 했다. 지금도 재즈, 소울, 블루스 등으로 진화하여 서구 음악의 중요 부분을 차지하고 있다. 우리 민족도 국민 모두가 가수라 할 만큼 노래를 좋아하고 즐긴다. 최근 인기리에 방영되는 무수한 노래경연 프로그램이 이를 말해준다.

예전에 TV 방송 서프라이즈에서 소개된, 2차 세계대전 당시 일부 전투를 중단케 했던 '릴리 마릴린'이라는 노래는 음악의 위대성을 단적으로 잘 나타내준다. 위대한 음악은 전투마저 중단시킨다는 사실을. 실제로 영국과 독일군은 치열하게 교전하던 중 어디선가 이 노래가 흘러나오자 양측 모두 사격·포격을 중지하고 넋 나간 듯 음악을 들었다고 한다. 좀 오래된 영화이지만 '쇼생크 탈출'에서 음악이 허용되지 않던 교도소에서 주인공이 처벌을 무릅쓰고 죄수들에게 클래식 음악을 틀어주던 그 장면(그때 스피커를 향해 돌아보는 죄수들의 얼굴표정이 압권이었다)은 아직도 뇌리에 진하게 남아 있다. 음악치료라는 의학 분야도 있듯이 음악은 확장성이 있어 수많은 분야의 경계를 넘나든다. 뮤직샤워라는 힐링 음악감상 프로그램도 생기고 있다(처음엔 샤워하면서 음악을 듣는 건가 했다는...) 어릴 땐 몰랐던 '인생은 짧고 예술은 길다' 는 의미를, 지금은 아주 조금 이해할 수 있다. 인생은 덧없이 짧고 예술은 영원할 수 있음을. 예술에 대해 경제성을 매기는 것, 불가능하다.

알파고(구글이 개발한 인공지능 컴퓨터)가 바둑에서 세계 바둑 챔피언인 이세돌 9단을 이겼다. 체스는 이미 1997년에 컴퓨터에게 패배하였고 약 20년 후인 오늘날 컴퓨터가 쉽게 범접할 수 없는 창의의 영역이라는 바둑마저 패권을 내주고 말았다. 몇 초 안에 수천 수만 가지 연산을 해내는 컴퓨터 앞에 어쩌면 인간의 두뇌는 애당초 대적 상대가 되지 않았는지도 모른다.

그러나 기억해야 할 것이 있다. 그 인공지능 컴퓨터를 만든 것도 사람이라는 것을. 그리고 인간의 독자적인 마지막 영역 – 그것은 예술이라 생각한다 – 은 최후까지도 컴퓨터, 로봇이 침범 혹은 대체할 수 없는 영역일 거다. 물론 컴퓨터도 추상화를 그릴 수 있고 그런 그림이 높은 값에 팔리기도 한다. 그러나 그것이 과연 진정한 예술일까? 아니라고 본다. 인간의 '영혼'이 담겨있지 않기 때문이다. 인간이 느끼는 기쁨, 슬픔, 분노, 고뇌 등의 감정을 담아 표현해내는 것이 예술일진대 컴퓨터는 (최소한 아직까지는) 감정을 느끼지 못하기 때문이다. 예술만큼은 인간 고유의 몫이다.

또한 컴퓨터와의 대결에서 졌다고 해도 인간의 존엄성이 패배한 것은 결코 아니다.[100] 예술은 위대하고 인간은 더 위대하다. 이세돌에게 박수를!! 짝짝.

• 철학, 인문학과 경제학

각 대학들이 철학과를 비롯한 인문학과를 너도나도 폐지하고 있

---

[100] "알파고가 이긴다고 인간의 존엄성이 무너지는 건 아냐" - 진중권, 뷰스앤뉴스, 2016. 3. 10.

다. 실용학문, 공대 위주의 학과를 신설하고 정원을 늘리고 있다. 긴 흐름을 보면 세상을 바꾸고 변화를 이끌어내는 것은 인문학 정신이 바탕이 되었을 때다. 고대 그리스가 그러했고 이탈리아의 르네상스가 그러했다. 눈앞의 성과만 보고 인문학과를 폐지하는 오늘의 현실이 심히 안타깝다. 국가에서 지원해서 폐지를 막아야 하건만, 오히려 앞장서서 폐지를 권유하니 아이러니하다.101)

인문학을 살려야 한다. 인문학은 타 학문에 영혼을 불어넣는 학문이다. 그 중심에는 철학이 있다. 철학은 모든 학문의 여왕이다. 철학에서 논리학이, 논리학에서 수학과 과학이, 다시 철학에서 역사학이, 사회과학이, 그리고 경제학이 파생된다. 철학은 궁극적으로 모든 학문의 시작점이요, 기원이다. 경제학에도 철학이 있어야 한다. 철학이 있는 경제학, 영혼이 깃든 경제학만이 (경제학을) 과학적 잣대만 들이대는 냉혈의 학문에서 인간의 얼굴을 한 따뜻한 학문으로 만들 수 있다. 다시, 인문학의 부흥을 꿈꿔본다.

---

101) 교육부 장관은 이렇게 말하고 있지만 교육부의 행태는 이율배반적이다. 교육부는 최근 사회 변화와 사회 수요에 맞도록 기존 학과를 통폐합하거나 취업에 유리한 학과를 신설하는 등 구조개혁을 하는 대학에 2천억원을 지원한다는 계획을 발표했다. 취업률이 낮은 인문계 정원을 줄이고 이공계 학과를 늘리는 대학을 지원하겠다는 뜻이다. 교육부 방침에 대학들은 벌써부터 인문학과를 폐지하거나 통폐합에 나서고 있다. - '인문학에 대한 이중 잣대' - 경기일보, 2015. 10. 27.

2) 먹거리의 경제학 - 먹방과 먹고사니즘, 그리고 반 고흐

TV를 보면 여기저기 먹거리 방송(먹방[102])이 인기다. 유명 쉐프가 인기스타가 되고 맛집들은 홍보 전쟁에 여념이 없다. 시청자들은 TV에 소개된 맛집을 찾아 떠난다. 나쁜 현상은 아니지만 문화콘텐츠의 빈곤이 아쉽다. 세상살이가 팍팍하고 힘들어질수록 본능적 욕구에 집중하게 되고 이를 자극하는 방송 - 그중에서 가장 기본적인 '식욕'을 자극하는 방송이 요즘 유행하는 먹방이다. 식문화의 다양화, 대중화라는 긍정적인 측면은 분명 존재하지만 먹고살기가 점점 힘들어지는, 혹은 먹는 것에만 집중하게 만드는 우리의 세태를 보는 것 같아 씁쓸하다. 우리 사회의 현실을 고민해보는 시간을 갖자.

세상 모든 이념에 앞선다는 '먹고사니즘'. '밥'은 가장 위대하면서 가장 치사하다. 많은 직장인들이 더럽고 치사해도 사표를 쓰지 못하는 이유도 '밥' 때문이고 아프리카의 어린아이들이 영양실조에 걸리는 것도 '밥'이 없어서다. 최소한의 '밥'이 충족돼야 인간은 비로소 인간다워질 수 있으며 다음의 영역으로 나아갈 수 있다. 그것이 문화요 예술이다. 따라서 최소한의 '밥'은 국가가 나서야 하는 사회 공동책임이다. '먹고사니즘'이 해결된 사회만이 문화적으로 융

---

102) 먹방은 '먹는 방송'의 줄임말로, 2000년대 후반부터 대한민국에서 널리 쓰이는 신조어이다 - 위키백과

성하고 예술을 꽃피울 수 있다. 예술이 고통을 먹고 자란다지만 '밥' 없는 삶은 너무 가혹하다. 고흐의 삶은 위대하지만 가난 때문에 개인으로서의 삶은 너무 불행했다. 살아생전 단 한 점의 그림도 팔지 못하고 평생 가난 속에 살다 갔는데 사후에는 그의 그림들이 수백억원에 팔리고 있다. 아이러니다. 이제 고흐를 행복하게 해주자. 사회가 밥을 해결해주자. 가능하다.

"나를 먹여 살리느라 너는 늘 가난하게 지냈겠지. 네가 보내준 돈은 꼭 갚겠다. 안 되면 내 영혼을 주겠다."

— 빈 센트 반 고흐, 동생 테오에게 쓴 편지 중에서103)

3) 영어교육의 경제학 – 토익, 토플의 자화상

영(英)·미(美104))가 전 세계 패권을 장악하면서 영어가 세계 공용어가 됐다. 중국이 세계를 제패했다면 당연히 중국어가 세계 공용어가 되었을 것이고 한국어도 마찬가지다. 공용어라는 것은 패권의 결과물 혹은 전리품이다. 미국인은 타국어를 열심히 배울 동인이 그렇게 많지 않다. 외국어를 정말 좋아하거나 각국 대사 등 외교관

---

103) 『반 고흐, 영혼의 편지』, 신성림 역, 예담, 2005.
104) 일본은 미국을 한자로 쓸 때 쌀 미(米)자를 쓴다. 쌀이 많이 나는 나라라서 그렇다나. 우리는 미국을 쓸 때 아름다울 미(美)를 쓴다. 미국은 우리 선조들에게 아름다운 나라로 비쳤나 보다. 흥미롭다.

을 희망하거나, 군사적 목적으로 적국(상대국)에 대한 작전을 위한 경우가 아닌 한 외국어를 배울 동인이 별로 없다. 미국인은 세계 어디를 가도 자기네 나라말이 통용되기 때문이다. 아쉬운 건 다른 나라 사람들이다.

반면 한국처럼 미국의 절대적 영향에 놓인 나라는 영어가 모국어 못잖게 중요하다. 한국에선 영어가 성공의 지름길이고 출세의 보장이다. 따라서 엄청난 공·사교육비를 들여 영어를 배운다. 그러니 영어 하나만 유창하게 해도 충분히 먹고살 수 있다. 수많은 영어 사교육 시장이 이를 증명한다. 어학 관련 시장의 규모는 자그마치 15조원대라고 한다.105) 대학입시에서 영어 관련 과가 타 외국어 학과보다 지원점수가 높다는 것도 영어의 인기를 반영한다.

비싼 토익/토플 시험료 및 관련 교재 저작권료를 통해 직접적으로 미국이 버는 돈만 해도 상당하다. 우리나라가 좀 더 강한 자주독립 국가가 되고 미국의 영향력에서 좀 더 벗어난다면 맹목적인 영어몰입교육 대신 좀 더 비판적이고 대등한 입장에서 영어를 받아들일 수 있을 거다. 그런 비교과정에서 한글의 우수성에 대해서도 객관적으로 알 수 있을 거고. 한국의 국력이 더 강해져서 타국에서도 가장 배우고 싶어 하는 제2 외국어가 되기를 기대한다.

---

105) 이코노믹리뷰, 2007.

4) 불운의 경제학 - 머피의 법칙?

'웃어라 세상이 너와 함께 웃을 것이다. 울어라 너 혼자 울 것이다'
- 엘라 윌콕스 '고독'에서

항상 화장실에 가면 때마침 청소 아주머니가 들어온다
중요한 전화를 받고 있을 때 중요한 손님이 온다
중요 메일을 보낼 때 메일 시스템이 에러가 난다
불운이 꼭 나에게만 일어나는 것 같다

그러나 일정 부분은 그렇고 일정 부분은 그렇지 않다. 내가 하면 로맨스, 남이 하면 불륜인 것처럼 사람은 다 자기중심적이고, 같은 현상도 내게 일어나면 더욱 심각하게 느낀다. 인간은 본래 그럴 수밖에 없다. 태생적으로 그렇다. 그래서 자기에게 오는 불운은 더 크게 보인다. 실수여도 운을 탓하게 되고 작은 불운도 크게 느낀다. 다른 사람은 다 안 그런데 나만 그런 것 같아 보인다. 심리적 효과가 크다.

이 같은 상황을 극복하는 데에는 감사하는 마음이 큰 도움이 된다. '그래도 이 정도면 성공한 것 아닌가, 나보다 더 힘든 사람도 있는데, 그래도 밥은 잘 먹고 살지 않느냐, 그래도 난 행복한 편이다.' 등등의 마음이다. '~ 때문에'의 삶보다 '~ 그럼에도 불구하고'의 삶이다. 불운도 감내하고, 열악한 조건을 이겨내고 성공하는 모습은 탄탄대로를 달려 쉽게 성공하는 모습보다 훨~씬 멋지다.

 기억하라. 거울은 먼저 웃지 않는다.

5) 종교의 경제학 – 교회의 나라

 대한민국의 제1의 종교는 단연코 개신교이다. 한국은 개신교의 나라라고 해도 과언이 아니다. 부유한 강남의 대형교회부터 빈민촌의 개척교회까지, 한국에는 헤아릴 수 없을 정도의 많은 교회가 있다. 밤하늘에서 도시를 내려다보면 마치 공동묘지처럼 여기저기 십자가 네온사인이 붉을 밝히고 있다. 물론 교회 십자가다.

 김동춘 교수의 언급대로[106] 대한민국은 월남인과 개신교 교회인에 의해 세워진 나라라 그런지 개신교의 힘은 막강하다. 다만 개신교는 반공주의, 보수주의, 친일 등과 결합되면서 변질되었고 많은 비판을 받는다. 배타성, 유일성(원리주의)만 자제되어도 훨씬 좋아지리라 생각된다. 일부 대형교회와 목사들은 예수님의 가르침처럼 빈민, 약자를 위하고 낮은 곳으로 임하는 것과는 거리가 있어 보인다. 또한 독재에 비판적이고 저항해야 할 종교적 사명에 반하는 일부 목사들의 행태도 있다. 올바른 일을 하다가 박해받았던, 그런 멋진 종교인, 참 종교인의 모습을 기대해본다. 과거 군사독재 시절에 희생적 종교인들의 노력으로 민주화가 앞당겨진 것은 엄연한 사

---

106) 『대한민국은 왜?』, 김동춘 저, 사계절, 2015.

실이다.

"행복하여라! 올바른 일을 하다가 박해받는 이여, 하늘나라가 그들의 것이니"

- 마태복음 제5장 10절

6) 과정과 노력의 경제학

① 과정의 경제학 - 과정이냐 결과냐?

사람들은 흔히들 말한다. 결과가 모든 것을 말한다고. 사회에서는, 특히 회사에서는 더욱 그렇다. 사장님, 회장님들은 신입사원들에게 이렇게 강조한다. "열심히 하겠다. 최선을 다하겠다." 이런 말 대신 "잘 해내겠다. 결과로 보여드리겠다." 라고 말하라고. 일응 맞는 말이고 타당한 말이다. 회사는 프로의 세계다. 아마추어와는 다르다. 치열한 생존의 장이고 조직의 흥망성쇠가 좋은 '결과'를 내느냐 내지 못하느냐에 달려있기 때문이다.

그러나 결과가 좋으면 과정도 좋을까? 꼭 그렇지는 않다. 과정이 좋아도 결과는 나쁠 수 있다. 마찬가지로 과정이 나빠도 결과는 좋을 수 있다. 다만 확률적으로 과정이 좋으면 결과도 좋을 확률이 높을 뿐이다. 그러나 세상은 녹록지 않다. 좋은 결과를 위해 수단과 방법을 가리지 않는 사람들이 가득하다. 반칙과 불공정 경쟁이 비일비재하게 이루어진다. 오직 결과로만 모든 것을 평가받기 때문이다.

그렇기 때문이라도 더욱 '과정'이 중요하다. '과정'을 중시하여 최선을 다하다 보면 좋은 결과가 올 것이고 오지 않더라도 그만이다. 최선을 다했다는 것만으로 스스로에게 떳떳하고 당당할 수 있기 때문이다. 그 과정속에 행한 노력과 고뇌와 좌절과 슬픔 등은 타인은 알 수 없다. 따라서 그 과정은 오롯이 본인의 몫이다. 감내해야 한다. 그렇기에 더욱 최선을 다해야 하고, 최선을 다했다고 스스로에게 말할 수 있다면 그걸로 된 것이다.

삶의 목적도 최선을 다하는 삶 그 자체에 있는 것이지, 좋은 결과를 얻는 것이 삶의 목적은 아니다. 결과만을 추구하다 보면 결과 달성 실패 시 삶이 무의미해지고, 설혹 결과를 달성하더라도 그 후의 삶이 허무해지기 때문이다. 김대중 전 대통령이 강조한 것도 '무엇이 되느냐' 보다 '어떻게 사느냐'다.107) 전자가 '결과'를 중시하는 삶이고 후자가 '과정'을 중시하는 삶임은 두말할 나위도 없다. 전자를 극단까지 추구하여 부귀영화를 누린 대표적 사람이 이완용이다. 그는 '일본 작위'를 받고 '일본 귀족'까지 되었다. 하지만 그보다 시골 면장도 되지 못하였지만 '어떻게 사느냐'를 고민했던 안중근을 오늘날 우리는 더욱 칭송한다.108)

---

107) 『다시, 새로운 시작을 위하여』, 김대중 저, 김영사, 1998.
108) 상동

물론 그렇다고 해서 결과를 무시하라는 얘기는 아니다. 좋은 결과를 얻기 위해 최선을 다해야 한다. 가능한 한 최선의 노력으로 최상의 결과를 얻어야 한다. 다만, 결과만을 얻기 위해 과정을 등한시하는 우(愚)를 범하지 말아야 한다, 또한 결과가 나쁘다는 이유로 노력한 과정까지 매도하는 우를 범하지 말아야 한다. 그러한 과정에서 얼마나 많은 가능성들, 잠재된 능력들이 매장되어 왔는가?

결과만으로 모든 것이 평가되는 사회이지만, 그래도, 나는 아직 과정이 더 중요하다고 믿고 있고, 그렇게 믿고 싶다.

② 노력의 경제학 - 나처럼 노오오오력109) 하면 된다?

"학벌의 유리천장, 여성의 유리천장, 출신의 유리천장을 깨기 위해 모든 것을 다 바쳐 노력했습니다.

그러나, '나처럼 노력하면 된다'고 말하고 싶지 않습니다. 출신이 어디이던, 학벌이 어떠하던, 오늘 열심히 살면 정당한 대가와 성공을 보장받을 수 있는 사회를 만들어야 합니다. 스펙은 결론이 아닌 자부심이어야 합니다. 정해진 결론을 부정하고, 역동의 사회를 만드는 데 일조하고 싶습니다.

없는 길을 만들며 무수히 눈물을 삼켰던 주인공이 제가 마지막이

---

109) 청년층은 '더욱더 노력'하라는 기성세대의 말을 '노오오오력'이라는 말로 풍자함.

되기를 바랍니다."110)

양향자 전 삼성전자 상무가 모 정당 입당식에서 눈물을 흘리며 한 말이다. 이 말에 우리 사회의 모순과 기성세대의 문제점, 그리고 나아갈 방향이 모두 녹아있다. 그녀는 고졸 출신, 여성이라는 핸디캡을 극복하고 대기업 상무까지 된 입지전적인 인물이다. 학벌 사회, 여성차별이라는 강력한 유리천장을 깨기 위해 얼마나 눈물을 흘려야 했을까? 그녀는 성공했다. 하지만 그녀는 자신이 걸어온 길의 험난함을 알기에 후배들이 자신과 같은 어려움을 겪지 않기를 바란다. 그래서 그녀의 말이 더욱 울림 있게 다가온다.

기성세대는 취직이 안되고 힘겨워하는 청년층에게 얘기한다. 더노력하라고. 노력. 좋다. 그러나 노력만으로는 되지 않는다. 최소한 기성세대들이 젊은 세대들에게 동등한 출발선, 공정한 경기 과정은 보장해 주어야 한다. 그러나 현실은 그렇지 않다. 금수저, 흙수저의 수저론처럼 출발선이 다르고, 불법 취업청탁 등 선발 과정조차 공정하지 못하다. 그런데 노력만으로 이 모든 걸 극복하라고 한다. 물론 기적적으로 엄청난 격차를 오로지 '노력' 하나로 극복할 수도 있다. 양향자 전 삼성전자 상무가 대표적 케이스이다. 그러나 그 과정이 너무도 힘들었음을 입당식 기자회견 당시 그녀의 눈물이 이

---

110) 양향자 상무, 더불어민주당 입당 '눈물' "나처럼 노력하라는 것이 아니다."
   - 중앙일보 2016. 1. 12.

를 말해준다. 그래서 그녀는 청년들에게 '나처럼 노력하라'고 이야기 하지 않는다.

그렇다. 모순된 사회구조가 바뀌어야 한다. 모두에게 기회가 보장하고 공정하게 경쟁할 수 있게 해주어야 한다. 사다리를 걷어차지 말자. 그리고 힘겹게 사다리를 타고 올라오는 청년들에게 손을 내밀지는 못할망정 유리천장을 덮으면 안 된다. 성공한 사람이 '나처럼 노력하면 된다'고 말하지 않는 사회에 살고 싶다.

7) 불온서적의 경제학 – 불온이란?

① 사상의 자유시장 경쟁

한국전쟁과 분단의 특수성, 그리고 이것을 기득권 유지에 악용하는 정치세력 등에 의해서인지 몰라도 아직 대한민국은 사상의 다양성을 상당히 좁게 인정하고 있다. 폭력 등을 부추기고 선동하는 사상이 아닌 이상, 민주주의의 기본질서를 부정하지 않는 이상, 다양한 사상들이 사상의 자유경쟁 시장에서 자연스럽게 채택되거나 도태되도록 해야 함에도 불구하고(궁극적으로는 민주선거를 통해 국민이 채택하겠지만) 진보적 내용 혹은 정부 비판적 사상에는 지나치리만큼 엄격하다. 특히 서적에 대해 소위 말하는 '불온서적', '이적 서적' 등으로 규정하여 탄압한다.

그러나 (무수히 언급된 것처럼) 성경책을 읽는다고 다 기독교도가 되는 것은 아니고, 범죄소설을 읽는다고 범죄자가 되는 것은 아니다. 판단은 독자의 몫이지 평가자의 몫이 아니다. 책을 읽었다는 것이 죄가 되는 세상이라면 (제대로 된 비판 서적들은 다 없어질 것이고) 종국엔 천편일률적인 책, 정부 찬양의 책만이 남겨질 거다. 현대판 분서갱유다. 사상의 다양성이 말살되는 것은 물론이다. 대표적인 것이 국정교과서다. 국사편찬위원회가 만든 '단 하나의 관점'만이 강요된다. 다양한 관점의 여러 권의 책을 만들게 하고 독자들이 스스로 판단·선택하도록 해야 한다. 그것이 자유시장 경제의 논리다. 사상도 마찬가지다. 사상은 주입·강요할 수 없다. 절대 강요는 절대 반발을 낳는다.

② 불온에 대하여

불온(不穩) - 통치 계급 또는 기성세력의 입장에서 보아 사상, 태도 등에 맞서고 대립하는 기질이 있음[111]

일본인들은 일제 시절 독립운동을 하거나 일제에 협력하지 않고 맞섰던 조선사람들을 가리켜 '태도가 불량한 조선인' 즉, '불량선인'이라 하여 감시하고 탄압하였다. 과거 군사정권에서도 그랬듯이, 근래에도 정부가 정책을 잘못 펴고 있음을 국민들이 비판하는 것에

---

111) Daum 한국어 어학사전

대해 '정권 비판 = 대한민국 비판' 이라는 말도 안되는 등식으로 끼워 맞추어 불온이니, 종북이니 하는 프레임으로 탄압을 이어가는 듯하다.

절대 권력은 절대 부패하듯이 비판 없는 권력도 절대 부패하고 타락한다. 민주주의의 기본원리인 견제와 균형의 원리를 잘 유지하기 위해서도 자기와 다른 생각, 다른 주장, 합리적 비판과 대안 의견에 귀를 기울이고 경청해야 한다. 권력에의 순종만으로는 절대 발전이 없다. 건전한 비판과 대안에 대해 경청하는 자세가 국민을 위하고 국가를 위한 일이다.

8) 인터넷정보 독점의 경제학

정보화 이후의 사회는 정보 접근권(인터넷 이용권)을 가진 사람이 권력을 독점하는 사회가 될 거다. 네트워크 접근에 걸리는 시간, 속도, 용이성 등의 편차에 의해 정보 불평등이 발생하고 이는 곧 빈부의 격차, 사회 불평등으로 이어질 것이다. 정보(혹은 정보 접근성)가 곧 힘이요, 돈이기 때문이다. 사회와 국가로 확대하면 지역 간, 계급 간, 빈부 간에 인터넷이용권(정보 접근권)의 차별화가 발생한다. 정보 권력112)이 등장하고 있다. 앞으로 우리 사회가 더

---

112) 관리자가 타인이 가치 있다고 지각하는 정보를 보유하고 있거나 그 정보에 보다 쉽게 접근할 수 있다는 사실에 근거한 권력이다. 이 같은 정보 권

민주화되고 선진화된다면 헌법 조항에 다음과 같은 인터넷이용권이 명시되어야 할 것이다.

- "헌법 제 00조 모든 국민은 인종, 성별, 학력, 재산, 지역 등에 상관없이 동등하게 인터넷이용(정보 접근)에 대한 동등한 권리를 가지며 국가가 이를 보장한다."

9) 행복지수, 그리고 행복사회의 경제학
- 행복사회로 가는 완행열차 타는 법

가난한 나라 위에 부자나라가 있고 가난한 국민 위에 부자 국민이 있다. 가난한 국가일수록 빈부 격차가 크다. (아프리카 어느 국가의 비싼 레스토랑에서 식사 한끼의 값은 그 나라 빈민의 한달치 월급을 가뿐히 뛰어넘는다) 빈부 격차가 큰 나라일수록 부패하고 후진적인 나라가 많고 빈부 격차가 작은 나라일수록 깨끗한 선진국이 많다. 행복지수가 높은 나라는 빈부 격차가 작고, 부패지수가 낮고, 1인당 국민소득이 높은 나라다.113) (상투적인 표현이지만)

력이 발생하는 이유는 다른 사람들이 그 정보를 필요로 하거나 그 정보를 활용하여 문제를 해결하기 원하지만, 그 정보를 통제하거나 독점하고 있는 사람이 별도로 존재하기 때문이다. 일반적으로 다른 사람들이 필요로 하거나 원하는 정보를 보유하고 있거나 그 정보에 접근할 수 있는 권한을 갖고 있는 사람이 정보 권력을 소유하게 된다.
- 네이버 지식백과 – HRD 용어사전, 2010. 9. 6, (주)중앙경제

'골고루 잘사는 나라', '빈부 격차가 작은 나라'가 분명 더 바람직한 나라의 모습임에 틀림없다. 국가별 행복지수 순위를 소개한다.(2012년 순위임을 밝혀둔다.)

〈국가별 행복지수, 지니계수, 1인당 GNI PPP, 청렴도(부패인식지수) 비교표〉114)

순위 115)	국가	행복지수 116)	지니계수 117)	1인당 GNI PPP118)	청렴도 (부패인식 지수)119)
1	Denmark	7.693	0.248	43,340	90
2	Norway	7.655	0.250	66,960	85
3	Switzerland	7.650	0.296	56,240	86
4	Netherlands	7.512	0.309	43,620	84
5	Sweden	7.480	0.230	44,150	88
6	Canada	7.477	0.321	42,530	84
7	Finland	7.389	0.268	38,630	90
8	Austria	7.369	0.263	44,100	69
9	Iceland	7.355	0.280	33,840	82
10	Australia	7.350	0.263	43,300	85
11	Israel	7.301	0.392	28,070	60
12	Costa Rica	7.257	0.503	19,760	54
13	New Zealand	7.221	0.362	29,960	90
14	Panama	7.143	0.519	17,830	38
15	Mexico	7.088	0.483	16,440	34
16	United State	7.082	0.450	50,610	73
17	Ireland	7.076	0.339	35,870	69
18	Luxembourg	7.054	0.260	65,190	80
19	Venezuela	7.039	0.390	13,170	19

113)'행복지수 연구를 통한 사회합의의 방향', 연세대학교, 2014.
114) 동 석사 논문에서 인용

138

20	Belgium	6.967	0.280	40,170	75
21	United Kingdom	6.883	0.400	36,880	74
22	Brazil	6.849	0.510	11,720	43
23	France	6.764	0.327	36,720	71
24	Germany	6.672	0.270	41,890	79
25	Chile	6.587	0.521	21,310	72
26	Singapore	6.546	0.478	61,100	87
27	Cyprus	6.466	0.290	29,400	66
28	Colombia	6.416	0.585	10,110	36
29	Thailand	6.371	0.536	9,430	37
30	Uruguay	6.355	0.453	15,570	72
31	Spain	6.322	0.320	32,320	65
32	Czech Republic	6.290	0.310	24,710	49
33	South korea	6.267	0.419	30,970	56
34	Japan	6.064	0.376	36,290	74
35	Slovenia	6.060	0.238	27,240	61
36	Italy	6.021	0.319	32,870	42
37	Guatemala	5.965	0.551	4,990	46
38	Malta	5.964	0.274	26,990	33
39	Ecuador	5.865	0.477	9,700	57
40	Bolivia	5.857	0.530	4,960	32
41	Poland	5.822	0.341	21,170	58
42	El Salvador	5.809	0.469	6,810	38
43	Moldova	5.791	0.380	4,510	36
44	Paraguay	5.779	0.532	5,610	25
45	Peru	5.776	0.460	10,240	38
46	Malaysia	5.760	0.462	16,530	49
47	Kazakhstan	5.671	0.289	12,040	28
48	Croatia	5.661	0.320	19,760	46
49	Turkmenistan	5.628	0.408	9,640	17
50	Uzbekistan	5.623	0.368	3,750	17
51	Albania	5.550	0.345	9,390	33
52	Vietnam	5.533	0.376	3,440	31

53	Hong Kong	5.523	0.537	53,050	77
54	Nicaragua	5.507	0.405	3,960	29
55	Belarus	5.504	0.272	15,220	31
56	Mauritius	5.477	0.390	15,820	57
57	Russia	5.464	0.417	22,720	28
58	Greece	5.435	0.330	25,460	36
59	Lithuania	5.426	0.355	22,760	54
60	Estonia	5.426	0.313	22,030	64
61	Algeria	5.422	0.353	7,550	34
62	Jordan	5.414	0.397	6,130	48
63	Indonesia	5.348	0.368	4,810	32
64	Turkey	5.345	0.402	18,190	49
65	Montenegro	5.299	0.243	13,930	41
66	Pakistan	5.292	0.306	3,030	27
67	Nigeria	5.248	0.437	2,420	27
68	Honduras	5.142	0.577	3,820	28
69	Portugal	5.101	0.385	24,770	63
70	Ghana	5.091	0.394	1,940	45
71	Ukraine	5.057	0.282	7,300	26
72	Latvia	5.046	0.352	21,020	49
73	Romania	5.033	0.332	16,310	44
74	Zambia	5.006	0.508	1,620	37
75	Philippines	4.985	0.448	4,400	34
76	China	4.978	0.474	9,060	39
77	Mozambique	4.971	0.456	1,020	31
78	Dominican Republic	4.963	0.472	9,820	32
79	South Africa	4.963	0.631	11,190	43
80	Lesotho	4.898	0.632	2,210	45
81	Swaziland	4.867	0.409	4,840	37
82	Mongolia	4.834	0.365	5,100	36
83	Tunisia	4.826	0.400	9,360	41
84	Serbia	4.813	0.282	11,180	39
85	Bosnia and Herzegovina	4.813	0.362	9,380	42
86	Bangladesh	4.804	0.332	2,070	26

87	Hungary	4.775	0.247	20,710	55
88	India	4.772	0.368	3,840	36
89	Mauritania	4.758	0.390	2,520	31
90	Azerbaijan	4.604	0.337	9,200	27
91	Macedonia	4.574	0.432	11,570	43
92	Ethiopia	4.561	0.300	1,140	33
93	Uganda	4.443	0.443	1,140	29
94	Cameroon	4.420	0.446	2,320	26
95	Kenya	4.403	0.425	1,760	27
96	Tajikistan	4.380	0.326	2,220	22
97	Haiti	4.341	0.592	1,240	19
98	Armenia	4.316	0.309	6,990	34
99	Egypt	4.273	0.344	6,640	32
100	Mali	4.247	0.401	1,160	34
101	Georgia	4.187	0.460	5,860	52
102	Nepal	4.156	0.328	1,500	27
103	Niger	4.152	0.340	650	33
104	Sri Lanka	4.151	0.490	6,120	40
105	Malawi	4.113	0.390	880	37
106	Cambodia	4.067	0.379	2,360	22
107	Yemen	4.054	0.377	2,350	23
108	Bulgaria	3.981	0.453	15,390	41
109	Botswana	4.970	0.630	15,880	65
110	Madagascar	3.966	0.475	950	32
111	Senegal	3.959	0.413	1,920	36
112	Guinea	3.847	0.394	980	24
113	Tanzania	3.770	0.376	1,590	35
114	Rwanda	3.715	0.468	1,250	53
115	Burundi	3.706	0.424	560	19
116	Central African Republic	3.623	0.613	860	26
117	Benin	3.528	0.365	1,570	36
	평균	5.532	0.393	16,482	46

표-6) 국가별 행복지수, 지니계수, 1인당 GNI PPP, 청렴도(부패인식지수) 비교표

115) 비교 대상 117개국 내에서 행복지수 순으로 나열한 순위임.

우리나라는 자그마치(?) 33위다. 중위권이다. 덴마크나 북유럽국가들처럼 행복할 순 없을까?

행복할 순 없을까....이 말에는 우리는 지금 불행하다는 전제가 깔려있다.(정확하게는 최소한 행복하지 않다는 전제가 깔려있다) 그렇다. 우리는 지금 행복하지 않다. 세계행복지수 1위인 덴마크의 교회는 썰렁하다. 국민들이 행복하기 때문이란다. 대한민국은 어떠한가? 앞의 명제가 참이라고 단정할 수는 없지만 교회마다 사람들이 북적이는 것은 국민들이 불행하기 때문은 아닐까? 최근 수년간 서점가의 베스트셀러는 힐링, 치유에 관한 서적들이었다. 국민들의 삶이 힘들기 때문이다. 과거의 베스트셀러가 재테크 서적이 주류였던 점과 비교해 보더라도 지금은 치유, 위로가 필요한 시대임에 틀

---

116) Helliwell John, Layard Richard, and Sachs Jeffrey. eds. 2013. *"World Happiness Report 2013"*, Figure 2.3 : Ranking of Happiness : 2010-2012 (PartⅠ) pp.22-24.
    - 10점 만점으로 지수가 높을수록 행복도가 높음.
117) CIA. 'Distribution of family income – Gini index', CIA library, The World Fact book.
    <https://www.cia.gov/library/publications/the-world-factbook/fields/2172.html>
    - 0에 가까울수록 소득 평등도 높고 1에 가까울수록 소득불평등도 높음 - 지니계수 산출 시기는 나라별로 상이함을 밝혀둔다. 특정 연도에 세계 모든 국가를 대상으로 한 일괄적인 지니계수를 산출한 데이터가 없는 관계로 부득이 일부 국가는 산출연도가 다른 지니계수를 사용하였다. 주요국의 자료는 2008~2012년도 기준이다.
118) World Bank. 2012. 'Gross national income per capita 2012, PPP', Data Catalog, <http://datacatalog.worldbank.org/>, 단위 : international dollas
    - 국가 간 소득과 물가를 반영한 비교지수임.
119) Transparency International. 2012.'Corruption Perceptions Index 2012'.
    <http://cpi.transparency.org/cpi2012/results/>
    - 100점 만점(환산)으로 지수가 높을수록 투명하고 청렴한 국가임.

림없다.

국민들은 지금 힘들다. 불행하다. 국가는 국민을 지켜주지 못하고, 국민은 국가를(혹은 정부를) 신뢰하지 못한다. 국가는 국민을 위해 존재하지 않는 것처럼 보인다. 용산 참사, 쌍용차, 세월호, 메르스……. 국민은 국가의 잘못(고의든 과실이든)으로 고통받아왔다. 거기서 큰 불행은 시작된다. 국가가 국민을 지켜주지 못하고, 오히려 탄압하고 억압하는 사회 속에서는 극소수의 특권층을 제외하고 대다수의 국민은 불행해진다. 정부가 국민을 '섬김'의 대상으로 보지 않고 '지배', 혹은 '군림' 하는 대상으로 보기 때문이다.

그렇다면 대안은 무엇인가? 어떻게 하면 국가의 잘못을 바로잡고 국민이 행복해질 수 있을 것인가? 지금보다 사회가 더 민주화되고 언론이 더 공정하고 자유로워져야 한다. 검찰이 바로 서야 한다. 그러기 위해서는 결국 정치가 변해야 한다. 정치는 모든 변화의 시작점이다. 정치는 부패의 온상일 수도 있지만 그 부패를 개선하는 힘 또한 정치에 있다. 올바른 정치를 하면 최소한 사회의 잘못된 시스템으로 억울하게 불행해지는 사람은 없어질 수 있다. 순전히 개인의 잘못으로 인한 부분은 어쩔 수 없겠지만(그것은 국가도 구제하지 못하지만) 최소한 사회문제로 인해 개인이 불행해지는 일은 막을 수 있다.

올바른 정치, 좋은 정치를 얻기 위해서는 무엇을 해야 하는가?

늘 깨어있고 비판적인 시각을 가져야 한다. 그리고 올바른 한 표를 행사해 나쁜 정치를 몰아내야 한다. 덜 나쁜 정치를 선택하다 보면 많은 세월이 지나면 (그러한 차선의 선택이 쌓이고 쌓여) 훨씬 좋은 정치 쪽으로 성큼 다가가 있을 것이다.

깨어있고, 비판적 시각을 가질 것, 그리고 투표할 것.

이것이 우리가 정치를 바꾸고 행복한 사회로 가는, 더디지만 유일한 길이다. 로마가 하루아침에 만들어지지 않은 것처럼 행복사회도 하루아침에 만들어지지 않는다. 급행열차는 없다. 우리 모두 행복사회행 완행열차에 몸을 싣자. 그리고 그 티켓은 올바른 투표로서만 얻을 수 있다. 멀리서 안내방송이 들린다. 이 열차의 종착역은 '행복사회역'입니다.

8장 거부자들의 경제학

"한 시대의 정점에 오르는 성취가 아니라, 그 시대의 아픔에 얼마만큼 다가서고 있는가 하는 것이 그의 생애를 읽는 기준이 되어야 한다……자기의 시대를 고뇌했던 사람에 대한 평가는 그 시대가 청산되었는가 아닌가에 따라서 당연히 달라질 수밖에 없다."

- 신영복, 『나무야 나무야』, (1996, 돌베게) 중에서

거부자들은 경제적 선택을 하지 않았다. 경제적 선택, 즉 합리적 선택을 하면 충분히 행복한 삶(어떤 의미에서는 안락한 삶)을 살 수 있었음에도 그렇게 하지 않았다. 그들은 비경제적 선택을 했다. 고난을 선택 혹은 감수했다. 그들의 신념 때문이다. 더 나은 세상을 만들기 위한 신념이다. 그리고 그들은 고통을 승화시켜 위대한 업적을 후세에 남겼다. 불멸의 삶을 산 그들이 남긴 명언(어록)들을 통해 그들의 비(非)경제적일 수 있는 삶을 알아보자.

1) 푸쉬킨의 경제학 - 낭만과 결투

푸쉬킨120)에 대해 생각해본다.

"삶이 그대를 속일지라도 슬퍼하거나 노하지 말라……." 처음 이 문구를 보았을 때 느낀 감동은 지금도 생생하다. 많은 분노와 억울함이 녹아내리고 이내 평정을 찾은 느낌이었다. 푸쉬킨의 마지막 삶은 그의 시처럼 슬펐다. 가정과 명예를 지키기 위해 아내에게 집적대는 남자에 맞서 목숨을 건 결투를 벌이고 끝내 사망한다. 푸쉬킨의 시 '시인에게'를 소개한다.

"시인이여 사람들의 사랑에 연연해서 하지 말라
열광의 칭찬은 잠시 지나가는 소음일 뿐, 어리석은 비평과 냉담한
비웃음을 들어도 그대는 강하고 평정하고 진지하게 남으라. 그대는
황제 - 홀로 살으라, 자유의 길을 가라.
자유로운 지혜가 그대를 이끄는 곳으로, 사랑스런 사색의 열매들을
완성시켜 가면서.

---

120) 푸쉬킨 : 1799~1837. 러시아의 국민 시인이자 소설가. '삶이 그대를 속일지라도'로 잘 알려짐. 아내를 탐하는 남자로부터 사랑과 명예를 지키려고 결투를 벌이다 사망함.

고귀한 그대 행위의 보상을 요구하지 말라."

-푸쉬킨 '시인에게'121)

2) 김대중의 경제학 – 고난의 화신

김대중 전 대통령. (앞서 간략히 언급했지만) 그는 국외에서 가장 존경받고 국내에서 가장 '저평가' 받는 인물이다.122) 고난이 필요한 시절, 그는 고난의 화신이었다.123) 좌절과 고난을 극복하고 원하던 바를 끝내 이루어 냈다. 고뇌와 번민, 시련 속에서도 항상 노력했으며, 포기하지 않았다. 그는 이미 세계적인 위인의 반열에 올라있다. 다만 정치적인 이유와 민주주의의 후퇴로 말미암아 한국에서만 아직 그에 대한 평가가 박할 뿐이다. 그의 어록(이하 모

---

121) 네이버 캐스트, 시를 말한다 - 중에서
http://navercast.naver.com/contents.nhn?rid=136&contents_id=6378
122) 프랑스의 세계적 사회학자 피에르 부르디외(1930~2002)도 김 전 대통령을 '참 훌륭한 대통령'이라고 평가하였다. -DJ 서거 김우창 추도사 중, 한국일보 2009. 8. 18.
마이크로 소프트 빌 게이츠 회장은 "대통령 취임 후 대통령께서 (IT 산업을) 장려, 육성해서 세계적으로 매우 뛰어난 수준에 도달했다"며 김 전 대통령의 IT 리더십을 극찬했다. - 매일경제(MK) 2009. 8. 21.
MIT 언어학과 교수 노엄 촘스키 역시 "오래 기간 존경해왔다"며 "그는 남다른 용기를 갖고 일관되게 한 생을 산 사람이었다. 그의 삶은 한국과 세상 모두에 위대한 공적을 남겼다"라고 평가했다. - MDN 월요신문 특별기획시리즈 <그날> 중에서, 2014. 12. 10.
123) 『만인보』 10권, 고은 저, 창작과 비평사, 1996.

두)124)을 몇 가지 옮겨본다.

'용서와 사랑은 진실로 너그러운 강자만이 할 수 있다.'

'최선을 다하는 인생을 살자. 그것이 바로 성공이다.'

'하느님의 축복이란 평탄한 생활과 번영의 보장이 아니다. 그것은 어떠한 고난·역경·실패 속에서도 이를 극복하고 새로운 가능성 앞에서는 힘을 우리에게 주시는 것이다.'

'용기는 모든 도덕 중 최고의 덕이다. 용기만이 공포와 유혹과 나태를 물리칠 수 있다.'

'의롭게 살려는 사람은 보상에서 만족을 얻으려 하지 말고 자기 삶의 존재 양식 그 자체에서 만족을 구해야 한다.'

'불행한 일도 감수해야 한다. 다만 최선을 다하도록 하자.'

– 김대중 전 대통령

---

124) 『김대중 어록』, 정진백 역, 서예문인화, 2010.

3) 사마천의 경제학 - 긴 잠행(潛行)

사마천[125]에 대해 생각해본다. 동료 장군 이릉을 변호하다 한무제(漢武帝)에게 궁형이라는 치욕을 당하고, 죽음과 삶의 고민 끝에 주어진 '사명'을 완수하기 위해 치욕적 삶을 견뎌냈던 사람. 결국 운명이 준 가혹한 시련을 이겨내고 역사에서 승리한 사람. 그는 현실에서는 한무제에게 패배하였지만 역사에서는 한무제에게 승리하였다.

"저는 천하의 산실된 구문(舊聞)을 수집하여 행해진 일을 대략 상고하고 그 처음과 끝을 정리하여 성패흥망의 원리를 살펴 모두 130편을 저술했습니다. … 그러나 초고를 다 쓰기도 전에 이런 화를 당했는데, 나의 작업이 완성되지 못할 것을 안타까이 여긴 까닭에 극형을 당하고도 부끄러워할 줄 몰랐던 것입니다. 진실로 이 책을 저술하여 명산(名山)에 보관하였다가 내 뜻을 알아줄 사람에게 전하여 촌락과 도시에 유통되게 한다면 이전에 받은 치욕에 대한 질책을 보상할 수 있을 것이니 비록 만 번 주륙을 당한다 해도 어찌 후회가 있겠습니까? 이것은 지혜로운 이에겐 말할 수 있지만 속인에겐 말하기 어려운 일입니다."

—사마천, '임안에게 보낸 편지'(報任安書) 중에서[126]

---

125) 사마천 : BC145? ~ BC86? 중국 역사학자. 이릉 장군을 변호하다 한무제의 노여움을 사 궁형을 당함. '사기'라는 역사서를 집필함으로써 동양 역사의 아버지라 불림.

4) 스티븐 호킹의 경제학 - 육체의 갑옷을 벗다

스티븐 호킹[127])에 대해 생각해본다. 루게릭병과 두 번의 이혼의 아픔을 견뎌내고 오롯이 한 인간으로서, 물리학자로서 우뚝 섰다. 블랙홀 이론 등 많은 물리학 이론을 정립하여 물리학 발전에 지대한 공헌을 하였다.

'*우주의 진리를 발견하는 데에 작은 지식을 보탰다면 내 삶은 행복하다*'[128])

'*발밑을 보지 말고 고개를 들어 별을 보라*'[129])

- 스티븐 호킹

5) 스티브 잡스의 경제학 - 고집스런 풍운아

스티브 잡스[130]). 고집스러운 풍운아이자 IT 혁명가이자 IT 예술가. 소신과 철학이 있었던 그는 실패에 좌절하지 않고 끝내 IT의 패러

---

126) 네이버 캐스트 인물 세계사, 사마천
http://navercast.naver.com/contents.nhn?rid=75&contents_id=4610
127) 스티븐 호킹 : 1942~. 영국의 이론물리학자. 루게릭병에도 불구하고 '블랙홀 이론' 등 수많은 학문적 업적을 남김
128)『나, 스티븐 호킹의 역사』, 스티븐 호킹 저, 전대호 역, 까치글방, 2013.
129) 런던 패럴림픽 개막식 연설 중에서. 2010. 7월
130) 스티브 잡스 : 1955~2011. 기업가이자 애플의 창업자. 아이폰과 아이패드 등 창조적 IT기기 제작.

다임을 바꾸어 놓았다. 주옥같은 그의 어록131)을 소개한다.

"나머지 인생을 설탕물이나 팔면서 보내고 싶습니까, 아니면 세상을 바꿔놓을 기회를 갖고 싶습니까?"

"참된 만족을 얻는 유일한 길은 위대하다고 믿고, 사랑하는 일을 하는 겁니다. 그걸 만나는 순간 가슴이 알 겁니다."

"항상 갈망하고 항상 무모하라."
"만약 오늘이 내 인생의 마지막 날이라면 지금 하려는 일을 할 것인가?"

"곧 죽게 된다는 생각은 인생에서 중요한 선택을 할 때마다 큰 도움이 된다. 사람들의 기대, 자존심, 실패에 대한 두려움 등 거의 모든 것들은 죽음 앞에서 무의미해지고 정말 중요한 것만 남기 때문이다. 죽을 것이라는 사실을 기억한다면 무언가 잃을 게 있다는 생각의 함정을 피할 수 있다. 당신은 잃을 게 없으니 가슴이 시키는 대로 따르지 않을 이유도 없다."

"우리가 이 지구에 머무르는 시간은 아주 잠깐입니다. 하지만 이것

131) 아시아경제 2012. 10. 1,
     http://www.asiae.co.kr/news/view.htm?idxno=2012093021523468739

만은 분명합니다. 젊음을 아직 잃지 않았을 때 많은 것을 이뤄내야
한다는 것 말입니다."

– 스티브 잡스

6) 말콤 X의 경제학 – 검은 혁명가

검은 이카루스[132]. 유시민의 '거꾸로 읽는 세계사'를 통해 처음
만난 말콤 X[133]는 드라마 같은 삶을 살았다. 인간이 얼마나 변화
할 수 있으며, 얼마만큼 용기 낼 수 있으며, 얼마만큼 진실을 이야
기할 수 있으며, 그 진실을 위해 (가치 있고 올바르다고 생각하는
바를 이루기 위해) 목숨 걸고 싸울 수 있는지 보여주었다. 그의 어
록 일부를 인용해본다.

자신의 죽음을 예견하면서

"나는 매일 아침 일어날 때마다 또 하루를 빌렸구나 하고 생각한
다. 나는 아마도 '이슬람'의 일원에게, 또는 어떤 백인 인종차별주
의자에게, 아니면 그들에게 고용된 무지한 흑인의 손에 죽임을 당

---

132) 『거꾸로 읽는 세계사』, 유시민 저, 푸른나무, 2008.
133) 말콤X : 1925~1965. 미국의 흑인인권운동가. 뉴욕 할렘의 밑바닥 인생을
    전전하다 무슬림이 되어 급진적 흑인해방운동을 이끎.

할 것이다. 나는 지금 매일 하루의 목숨을 빌리고 있는 것처럼 살고 있다. 백인들은 그네들의 언론에서 나를 '증오'의 상징으로 이용했던 것처럼, 죽은 나를 이용할 것이다. 두고 보라. 나는 잘해야 '무책임한' 흑인이라는 딱지가 붙을 것이다. 하지만 백인들이 '책임감 있다'고 치는 '흑인지도자' 치고 흑인을 위해 무언가를 성취하는 자는 없다. 나는 백인들이 나를 적대시하고 더 세차게 공격할 때마다 내가 미국의 흑인을 위해 바른 길을 걷고 있다는 신념을 더욱더 확고히 느낀다. 만일 내가 미국이라는 몸에서 '인종차별주의'라는 악성 종양을 도려내는 어떤 계기를 마련하고 죽을 수 있다면, 미약하나마 진리의 빛을 드러내고 죽을 수 있다면, 그때 모든 공로는 알라에게 돌려져야 하고, 오직 과오만이 나의 것이다."[134]

— 말콤 X

그는 하나의 주체적 인간으로서 오롯이, 분연히 일어섰고, 당당하게 싸웠다.

7) 트로츠키의 경제학 – 인생은 아름다워라

자본주의를 넘어설 인류의 대안체제를 위해 고민한 사상가, 이론가, 혁명가인 트로츠키[135]. 현실에서 실패하였기에 그의 유언과 비

---

134) 『말콤X (자서전)』, 알렉스 헤일리 저, 심대환 역, 1993, 세기
135) 트로츠키(1879 ~ 1940) : 러시아의 혁명가, 사상가. 레닌을 도와 공산혁

극적 삶이 더 아프게 다가온다. 현실정치에서는 스탈린에게 패배하고 그가 보낸 자객에게 비명횡사했지만 그는 분명 더 나은 삶을 고민하고 현실의 모순을 고뇌했던 사람이었다. 지금도 널리 회자되고 있는 그의 유언[136])을 소개한다.

"의식을 깨친 이래 43년의 생애를 나는 혁명가로 살아왔다. 특히 그 중 42년 동안은 마르크스주의의 기치 아래 투쟁해 왔다. 내가 다시 새로이 시작할 수만 있다면 이런저런 실수들을 피하려고 노력할 것은 물론이지만, 내 인생의 큰 줄기는 바뀌지 않을 것이다.

나는 프롤레타리아 혁명가요, 마르크스주의자이며, 변증법적 유물론자다. 결국 나는 화해할 수 없는 무신론자로 죽을 것이다. 인류의 공산주의적 미래에 대한 내 신념은 조금도 식지 않았으며, 오히려 오늘날 그것은 내 젊은 시절보다 더욱 확고해졌다.
방금 전 나타샤가 마당을 질러와 창문을 활짝 열어주었기에, 공기가 훨씬 자유롭게 내 방안으로 들어오게 됐다. 벽 아래로 빛나는 연초록 잔디밭과 벽 위로는 투명하게 푸른 하늘, 그리고 모든 것을 비추는 햇살이 보인다.

인생은 아름다워라!

명을 성공시켰으나 스탈린에게 숙청당함.
136) '인생은 아름다워'(1997, 로베르토 베니니)라는 영화의 제목으로도 알려졌으며 많은 매체에서 널리 인용되고 있다.

훗날의 세대들이 모든 악과 억압과 폭력에서 벗어나 삶을 마음껏 향유하게 하자!"

- 1940년 2월 27일 , 멕시코 코요아칸에서, 레온 트로츠키

9장 글쓰기의 경제학 (글과 치유의 경제학)

- 1부를 마치며

글쓰기는 치유의 힘을 가지고 있다. 분명하다. 글을 쓰며 마음을 정리하고 가다듬고, 또 정화한다. 힐링(healing)이다. 옛 작가들이 글쓰기가 치유의 과정이라고 했던 말을 아주 조금은 이해할 수 있다. 치료가 아닌 치유. 바로 글쓰기의 힘이다.

인터넷 카툰에서 본 좋은 글을 인용한다. 아무리 나쁜 조건도 결국 핑곗거리에 불과한 것임을 알 수 있다.

"뭔가를 창작해 낼 수 있는 사람은 - 탄광 속에서 열여섯 시간을 일했음에도 창작을 해낸다. - 작은 방 한 칸에 애가 셋이고 정부 보조금으로 연명해도 창작할 수 있는 사람은 해낸다. - 정신이 오락가락하거나 몸이 찢겨 날아가도 창작해낼 사람은 결국 해낸다. -눈멀고 불구가 되고 치매에 걸려도 할 사람은 다 해낸다. - 도시 전체가 폭격으로, 지진으로 홍수와 화재로 흔들려도 고양이가 등을 타고 기어올라도 창작해 낼 사람은 다 해낸다. 결국 분위기나, 시

간, 채광, 공간은 창작과는 전혀 상관없다."

-찰스 부코스키[137]

지금까지 '경제학'의 키워드로(혹은 정치, 사회, 심리 등의 키워드로) 오늘날의 헬조선 한국의 현실을 살펴보았다. 2부에서는 어떻게 헬조선을 파라다이스 코리아로 변화시킬 수 있는지 알아보자.

---

137) 찰스 부코스키 (1920 ~ 1984) : 미국의 시인이자 작가, 대표작 '우체국'이 있음.

제2부

헬조선을 넘어서

– 휴머니즘 경제학

1장 들어가며

1부에서는 오늘날 헬조선의 단상을 살펴보았다. 그렇다면 이를 어떻게 극복할 것인가? 2부에서는 그 대안으로 '휴머니즘 경제학'을 제시하려고 한다. '휴머니즘'. 지금 더욱 휴머니즘이 필요한 시대라서 그런지도 모른다. 냉혹하고 야만적인 이 시대에 인간의 얼굴을 한 경제학, 따뜻한 휴머니즘 경제학이 더욱 필요하다. 그리고 그것이 헬조선을 파라다이스 코리아(Paradise Korea)로 만들고, 나아가 인류를 더욱 풍요롭고 번영하게 만드는 데에 어떤 계기를 마련할 수 있으리라 생각한다. 사는 날까지, 인류 최후의 그날까지, 인류는 더욱 행복해야 하고 평화롭게 번영해야 한다.

2장 휴머니즘 경제학에 대하여

1) 휴머니즘이란 무엇인가? - 휴머니즘이 필요한 시대

'Humanism'

※ 사전적 정의 : 박애 정신을 바탕으로 인종, 국적, 종교의 차이를 초월하여 인류의 공존을 꾀하고 복지를 증진시키려는 사상, 또는 인간의 존엄성을 지상(至上)의 것으로 삼는 사상.138)

정의 그 자체로도 멋진 말이다. 특히 인간의 존엄성을 지상의 것으로 삼는 사상. 결국 인간이 중심이 되어야 하고 인간존중, 존엄

---

138) Daum 국어사전

이 실현되어야 한다는 사상이다. 이는 곧 인간과 반대되는 자본, 물질, 이념이 결코 인간에 앞서서는 안된다는 것을 의미한다. 즉 '사람이 먼저다139)' 이다. 인간에 대한 사랑과 연민, 어떻게 보면 종교적 사랑이 뒷받침된다고도 할 수 있다. 특히 약자에 대한 배려와 존중, (왜냐하면 강자는 특별히 돌보지 않아도 스스로 잘 살아갈 수 있고 또 이미 충분히 강하기 때문이다) 그것이 진정한 휴머니즘의 근간이라고 할 수 있다. 이점이 인류가 동물과 가장 다른 점이다.

음식점에 가서 위생 상태를 보려면, 로비(홀)를 보지 말고 화장실을 보라는 말이 있다. 가장 지저분할 수 있는 곳의 위생 수준을 보면 전체의 위생 수준을 알 수 있기 때문이다. 이와 같이 그 사회의 가장 어두운 곳, 즉 그 사회의 가장 약자에 대한 관용, 배려의 수준을 보면 그 사회의 수준을 알 수 있다. 선진국에 가면 어디서든 쉽게 볼 수 있는 장애인을 위한 편의시설이 후진국에 가면 어디에서도 보기 힘든 것도 같은 이치다.

정리하면, 휴머니즘은 인간중심, 인간존중, 존엄실현 등을 목표로 하되, 사회적 약자에 대한 관용과 배려가 가장 근간이 되는 사상이라 하겠다.

---

139) 모 대통령 후보의 대선 캐치프레이즈.

2) 휴머니즘 경제학의 의의(意義)

지금까지 휴머니즘의 정의에 대해 알아보았다. 그렇다면 휴머니즘 경제학은 무엇인가? 간단히 말해 휴머니즘 경제학이란 휴머니즘 사상을 경제학에 반영하여 인간중심의 경제제도의 확립, 인간의 얼굴을 한 경제학 구현, 그리하여 궁극적으로는 경제학을 통해 휴머니즘적 가치가 세상에 반영되도록 하는 거다.

그러기 위해선 휴머니즘 경제학은 무엇을 해야 하는가? 휴머니즘을 실현하기 위한 경제 이론적 토대를 제공하고 휴머니즘의 실현이 사회전체에 더욱 큰 이득을 가져다준다는 것을 경제학적으로 입증해야 한다(휴머니즘의 경제성 입증과 반-휴머니즘의 비경제성 입증). 나아가 휴머니즘이 더욱 널리 알려지고 보편화되어 인류 행복에 기여하게 하는 것이 궁극적 지향점이라 하겠다.

3) 휴머니즘 경제학의 필요성

그렇다면 지금, 휴머니즘 경제학이 필요한 이유는 무엇인가?

첫째, 오늘날의 사회가 사람이 먼저인 사회가 구현되지 않기 때문이다. 자본이 앞서고 권력과 탐욕 앞에 사람의 고귀함은 사려져 간다. 대한민국에서는 세월호의 침몰과 함께 인간다움도 함께 침몰했다. 전 지구적으로도 돈과 권력 앞에 사람의 목숨, 인권 따윈 안

중에도 없는 세상이 되고 있다. 제 3세계 어린이와 여성들은 착취당하고 경제는 종속되어 빈곤의 악순환이 반복된다. 이러한 악순환의 고리를 끊는 진정한 인간중심의 경제적 이론의 토대를 만들어야 한다. 악과 억압과 폭력에서 벗어나게 하는 것 - 트로츠키의 유언 중 자주 인용되는 부분 : '훗날의 세대들이 모든 악과 억압과 폭력에서 벗어나 삶을 마음껏 향유하게 하자'140) - 도 인본주의 경제학·휴머니즘 경제학의 가치관과 일맥상통한다.

둘째, 자본주의에 대한 수정·보완이 필요하기 때문이다. 천민자본주의, 강자중심의 일방적 자본주의, 약육강식의 자본주의는 수정·보완되어야 한다. 자본주의를 수정·보완하여 좀 더 건강한 자본주의 사회(→ 궁극적으로는 '인본주의적 자본주의', '휴머니즘적 자본주의' 로 대체되어야겠지만.)가 되게 하기 위함이다. 즉 조금 과장해서 이야기하면 천국까지는 아니더라도 지옥(정글 자본주의141) - Jungle capitalism)은 피하자는 거다.

셋째, 약자들을 위함이다. 필자는 아직, 약자들을 위하고, 배려하고, 보호하는 것, 그것이 '정의'라 믿는다.142) 약자를 도와서는 물질적, 경제적 이득을 받을 수 없다. 강자를 도와야 유·무형의 이득이 생기고 소위 말하는 '콩고물'이라도 생긴다. 그래서 약자를 돕는

---

140) 레온 트로츠키의 유언 중에서
141) 자본주의 사회에서 약육강식의 법칙이 지배하여 강자(부자)가 약자(빈자)를 착취함을 나타내는 용어.
142) 영화 어퓨 굿맨(1992년 작, 롭 라이너 감독)의 다우니 일병이 린치로 사망하자 가해자 중 한 명인 도슨 상병이 직무유기 관련 유죄선고를 받는데 그 이유가 ' 약자를 지켜주지 못한 죄' 때문이다.

다는 것은 (약자를 도움으로써 얻게 되는 정신적 만족감 등의 효용은 별론으로 하고) 경제 합리성에 반할 수 있다. 따라서 불이익을 감수하고 (경제 합리성에 반함을 감수하고도) 약자를 돕는다는 것 – 그것이 휴머니즘이다.

인본주의, 인간중심주의로 해석할 수 있는 휴머니즘은 우리에게도 낯설은 개념은 아니다. 우리 민족의 시조인 단군의 통치이념도 '인간을 널리 이롭게 하라'는 홍익인간(弘益人間)이었다. 이는 휴머니즘과 다르지 않다. 따라서 휴머니즘은 유럽 등 서방에서 온 외래 개념이 아니라 태곳적부터 존재해 왔던 우리 고유의 이념이라 할 수 있다.

그렇다면 우리 고유의 이념이라고도 할 수 있는 휴머니즘. 이 휴머니즘을 기반으로 하는 휴머니즘 경제학의 지향점은 무엇이 되어야 하는가?

4) 휴머니즘 경제학의 지향점

휴머니즘 경제학의 지향점은 다음과 같아야 한다.

(1) 인간존중 및 인간존엄성 구현
(2) 약자 보호 및 배려
(3) 자유

166

(4) 관용

(5) 평등

(6) 생명존중

(7) 정의 구현

(8) 인류 평화와 번영에 기여

하나씩 살펴보도록 하자

(1) 인간존중 및 인간존엄성 구현

인간존중, 인간존엄성 구현 – 휴머니즘 경제학의 최고 지향점이다. 각종 세계대전, 학살, 살육, 살인, 범죄 모두 인간존엄이 짓밟힌 사례다. 인류의 모든 끔찍한 비극은 인간존중이 실현되지 못했을 때 발생했다. 노예제, 히틀러의 유대인 학살, 일본 731부대의 생체실험 등도 마찬가지다.

따라서 인간존중, 인간존엄성 구현이야말로 휴머니즘 경제학의 첫 번째 지향점이자 가장 중요한 목표다. 세계대전 등 인류가 경험한 수차례의 비극이 반복되는 것을 막기 위해서도 지켜져야 할 제1의 가치이자 핵심가치다.

(2) 약자 보호 및 배려

　인간이 동물과 다른 점으로는 약자를 보호해야 한다는 이성이
있다는 점이다(어쩌면 동물은 약자를 돌보는 측면에서는 인간보다
나은 존재일 수도 있다. 동물의 왕국 등 TV프로에서는 무리에서
처진 들소 새끼를 늑대로부터 보호하기 위해 늑대를 공격하는 성인
들소들의 용감한 행동을 종종 볼 수 있다). 하지만 강자에게 약하
고 약자에게 강할 수밖에 없는 대부분의 사람들에게 이는 공허한
내용일 뿐이다. 약자를 보호해주기는커녕 강자에게 당한 설움을 약
자에게 분풀이하는 경우도 많다. 약자에 대한 갑질 행태는 언론에
서 수없이 보도된다. 재벌회장의 맷값 사건, 고객상담원에 대한 막
말, 백화점 갑질 고객 등은 빙산의 일각이다.
　반면, 두려움에 맞서며 용감하게 강자에게 대항할 수 있는 사람
이 얼마나 될까? 강자에게 대들었을 때 돌아오는 무자비한 폭력과
보복, 그리고 유무형의 불이익……. 따돌림, 공포 등 많은 불이익과
손해를 고려할 때 강자의 횡포에 침묵하는 것은 당연한 것인지도
모른다. 약자는 부당함을 당하더라도 그것을 복수하거나 하소연할
힘조차 없다.
　사람들은 약자의 억울함을 못 본 체하더라도 큰 불이익을 당하
지 않는다. 양심의 가책이랄까. 아니면 약간만 비겁하면 된다. 오히
려 이의를 제기할 경우 약자와 함께 공격당하기 일쑤다. 그래서 다
수의 대중은 강자의 횡포에 침묵한다. 『설득의 심리학143)』이라는

책에서 소개된 뉴욕범죄사건(한 여성이 뉴욕 도심 한복판에서 폭행을 당하다 살해되었는데 많은 사람들이 보고 있었음에도 어느 누구도 도와주지 않았다)도 어떤 의미에서는 같은 현상이다.

언제나, 어느 사회나 약자는 늘 공격 대상이 된다. 왕따 등 학원폭력의 희생양도 언제나 제일 약한, 힘없고, 특이한 소수다. 사회도 마찬가지이다. 나치즘의 유대인 학살도 소수에 대한 다수의 분노·공격이다. 약자가 아니라는 것을 입증이라도 하기 위해 가해자의 편에 서서 (자의든 타의든) 더욱 가혹하게 약자를 괴롭히고 공격한다.144) 대다수의 자연계, 동식물계, 그리고 인간계에도 강자는 항상 약자를 착취하고 지배해 왔다. 그것은 노예와 주인의 관계, 정복민과 피정복민의 관계, 자본가와 노동자의 관계, 유산계급과 무산계급의 관계, 가진 자와 그렇지 못한 자와의 관계 등이 그것이다.

그렇다면 왜 약자를 보호해야 하는가? 약자보호의 당위성은 어디에서 오는가? 자연과 인간사회의 기본법칙이라는 약육강식의 논리에 반하는 약자보호 – 그것은 궁극적으로 약육강식보다 더 나은 이익을 전 사회구성원에게 돌려준다. 사회 약자를 돕는 것이 사회 전체적으로 더 큰 효용과 만족도를 주고, 약자를 괴롭히고 배척하는 것이 사회 전체적으로 더 큰 손해를 가져오기 때문이다. 누구나

---

143) 『설득의 심리학』, 로버트 차일디니 저, 21세기 북스, 2013.
144) 일제 강점기에도 소작농에 대해 지주인 일본인보다 중간 감독층인 조선인 마름의 횡포가 더 심했다는 데서도 이를 유추해볼 수 있다.

약자가 될 수 있고, 약자가 되었을 때 느끼는 좌절감, 혹은 약자가 될지도 모른다는 두려움은 사회 전체의 건강을 해치고 불안을 만연화하며, 그것은 결국 사회의 연대감을 저해해 서로를 밀어내야 할 잠재적 경쟁상대로 보고 사회를 만인의 만인에 대한 투쟁상태로 만든다. 이는 결국 사회 전체의 효용을 낮춘다.

(3) 자유

인류의 모든 투쟁은 자유를 향한 투쟁에서 시작되었다. 추억의 명화 빠삐용에서부터 넬슨 만델라, 김대중 전 대통령의 일생도 모두 자유를 향한 머나먼 여정[145]이라 할 수 있다. 물리적 자유 (신체구속으로부터의 자유), 경제적 자유 (어떤 의미에서 오늘날 제일 중요한 자유의 개념), 그리고 이러한 자유를 향한 갈구는 인간의 오랜 본성이며, 자유를 향한 투쟁의 역사가 곧 인류의 역사다. 자유의 소중함은 수많은 (탈옥) 영화의 주제로 사용되었다. 특히 영화 '브레이브 하트'[146]의 주인공은 마지막에 'FREEDOM! (자유)'를 외치고 죽임을 당한다.

자유만큼 중요한 것도 없다. 물론 평등도 중요한 개념이지만 자유가 전제되지 않을 때 평등은 획일에 지나지 않는다. 굳이 둘 중 선택하라면 평등보다는 자유인 거다. 그것에는 (한국의) 보수주의자

---

145) 『자유를 향한 머나먼 여정』, 넬슨 만델라 저, 김대중 역, 아태평화출판사, 1995.
146) 브레이브 하트 : 1995년, 멜 깁슨 감독·주연

들이 금기시하는 집권자에 대한 비판의 자유(욕할 자유)까지도 포함된다. '자유 아니면 죽음을 달라[147]' 던 말도 있지 않은가. 따라서 자유(모든 구속, 억압, 그리고 폭력으로부터의 자유[148])는 인간다운 삶, 휴머니즘 경제학이 추구해야 할 중요한 핵심가치다.

(4) 관용

'관용'의 국어사전적 정의는 '① 남의 잘못 따위를 너그럽게 받아들이거나 용서함 ② 너그럽게 받아들이거나 용서하다[149]' 이다. 프랑스어로 똘레랑스, 영어로는 tolerance 즉 받아들임, 용서다. 잘못, 다름, 차이, 실수 등등 이러한 것들을 포용하고 감싸고, 받아들이는 것이다. 홍세화씨가 소개한, 프랑스에서 배워야 할 중요한 사회가치 중의 하나다.[150]

인류는 유사 이래 관용의 부족으로 동족을 향해 얼마나 많은 차별, 박해, 살육을 행하였는가? 다름과 차이를 인정하고 이해하고 존중하지는 못할망정 적으로 몰아 공격하고 테러하고 증오해왔다. 인류애를 실현하고 휴머니즘을 구현하기 위해서는 관용이 필요하다. 타인에 대한 배려와 이해에서 오는 관용, 오늘의 우리 사회에 꼭 필요한 덕목이며 휴머니즘 경제학의 지향점 중 하나다.

---

147) 페트릭 헨리 (Patrick Henry ; 1736~1799) : 미국 독립혁명의 지도자
148) 더 넓은 의미에서는 '경제적 자유'의 개념까지 포괄한다.
149) Daum 국어사전
150) 『나는 빠리의 택시운전사』, 홍세화 저, 창작과 비평사, 1997.

(5) 평등

'같은 것은 같게, 다른 것은 다르게' - 이것이 평등의 기본이념
이다. 같은 것임에도 다르게 대우하는 것은 평등정신에 위배되고
이에 대한 분노는 정당하다. 심지어 침팬지도 불평등에는 분노하고
맞서 싸운다고 한다. 어떻게 보면 인류의 혁명사는 모두 불평등에
대한 저항이요 투쟁이었다. 평등에 대한 갈구가 인류역사 발전의
가장 강력한 원동력 중 하나였던 거다. 어쩌면 세상은 아주 조금씩
평등한 세상으로 진보하고 있는지 모른다. 아니, 진보하고 있다. 신
분 차별이 없어지고 계급사회에서 평등사회로 바뀌었다. 정치적으
로는 누구나 1표씩 행사할 수 있는 보통선거의 시대가 열렸다.

경제학 개념인 지니계수[151]를 빌려 설명해보자. 고대 원시 노예
제 사회의 지니계수가 1이라면(극단적 불평등) 현대사회(특히 덴마
크 등 선진 복지국가)의 지니계수는 상대적으로 0에 가깝다(실제
덴마크의 지니계수는 0.248이다[152]). 이 수치의 차이는, 역사는 더
디더라도 불평등사회에서 평등사회로 진행해 왔음을 나타내준다.
평등의 확대는 인권의 신장, 보편적 삶의 확대를 의미한다. 이러한
평등은 휴머니즘 경제학을 이루는 중요한 가치다.

---

151) 이탈리아의 경제학자 지니(C.Gini)가 개발한 불평등지수 - 0부터 1까지
    구성되며 0에 가까울수록 평등한 사회 1에 가까울수록 불평등한 사회를 나
    타낸다.
152) '행복지수 연구를 통한 사회합의의 방향', 연세대학교, 2014, 9p

(6) 생명존중 - 어느 것으로도 대체될 수 없는.

생명은 그 무엇보다도 소중하며 어떠한 것으로도 대체될 수 없다. 한번 죽으면 끝이다. 절대 돌이킬 수 없다. 하나의 세상이 끝나는 거고 하나의 우주가 끝나는 거다. 그래서 나는 사형 폐지론자다. 극악무도한 살육자는 사형 대신 영구 종신 격리시키면 된다.153) 누구나 쉽게 얘기하는 반대근거 - 니 가족이 살인마에게 살해되어도 그런 주장을 할 것이냐? - 라는 물음 앞에서는 솔직히 할 말이 없다. 그럼에도 사형 폐지론을 주장하는 이유는 그것이 옳은 방향이라고 생각하기 때문이다. 사형제도가 악용되어 얼마나 많은 사람이 정치적 반대 세력에게 사형을 당했으며 얼마나 많은 사람들이 누명을 쓰고 (혹은 오판으로) 억울한 죽음을 맞이했는가. 그런 의미에서 '99명 범인을 놓치는 한이 있어도 1명의 무고한 사람을 범인으로 모는 과오를 범해서는 안된다' - 는 명제는 여전히 옳다. 우리 헌법 중 '기본권의 본질적인 내용을 침해할 수 없다' 는 헌법 제 37조 2항154)의 규정에 비추어 보더라도 사형제는 위헌이다.(적어도 나는 그렇게 생각한다) 이러한 생명존중의 기저에는 물론 인간을 존중하는 (인간 존엄성을 지향하는) 휴머니즘이 있고 휴머니즘 경제학이 있다.

---

153) 절대 풀려나지 못하도록 서구의 다른 국가들처럼 징역 500년, 300년 등을 선고하는 것도 좋은 방법이다.
154) 대한민국 헌법 제37조 2항 : '국민의 모든 자유와 권리는 국가안전보장·질서유지 또는 공공복리를 위하여 필요한 경우에 한하여 법률로써 제한할 수 있으며, 제한하는 경우에도 자유와 권리의 본질적인 내용을 침해할 수 없다.

(7) 정의 구현

   '……매일 저녁 그 만화 안에서 언제나 정의가 이기는 세상과, 죽지 않고 비굴하지 않은 나의 영웅은 하늘을 날았지. 다시 돌아가고픈 내 기억 속의 완전한 세계여……'[155)]

   '자유가 들꽃처럼 피어나고 정의가 강물처럼 흐르게 하라.'[156)]

  국어사전에서는 정의를 '사회나 공동체를 위한 옳고 바른 도리'라고 정의하고 있다. '정의'라는 사전적 의미에 매몰되기보다는 '정의로운 사회'란 무엇인가에 천착하는 것이 더 효과적이고 명료하다고 생각한다. 정의로운 사회는 인간이 존중받는 사회이다. 정의로운 사회는 폭력 없고 (모든 유·무형의 폭력, 특히 국가폭력) 억울한 자가 없는 사회이자 약자를 보호해주는 사회다. 휴머니즘 경제학의 지향점이 정의 구현에 있음은 당연하다.[157)]

(8) 인류 평화 번영에 기여 - 글로벌 휴머니즘

  모든 생명체는 종족 번식을 꿈꾼다. 자기와 닮은 후손을 만들고 싶은 욕구(혹은 자기의 DNA를 퍼트리려는 욕구)는 생물학적 본능

---

155) 신해철 '넥스트 4집 - The hero ' 가사 중에서
156) 『김대중 어록』, 정진백 역, 서예문인화, 2010. 중에서
157) 자세한 내용은 이미 본서 B. 3. 6) 정의의 경제학 파트에서 기술한 내용 참조.

이다. 그래서 입양은 종족 번식의 원시적 본능을 뛰어넘는 숭고하고 고귀한 행위다. 이러한 인류의 종족 번식의 본능이 고차원적으로 발전·승화된 것이 인류의 번영이다. 혼자만의 번영이 아닌 공동의 번영을 추구해야 하고 반드시 지속가능한 번영이어야 한다. 인류라는 종(種)이 지구상에서 조화롭게 잘 살아나가고 번영을 이룩하기 위해서는 공공선(公共善)을 추구해야 한다. 숙주인 지구환경을 파괴하고 다른 동식물을 파괴하면 결국 인류도 멸망한다. 여기서 확장적 휴머니즘의 개념이 필요하다. 인류만을 사랑하는 인류애를 넘어 전 지구적으로 모든 동식물, 자연환경까지 끌어안는 확장적 휴머니즘, 이를 나는 글로벌 휴머니즘[158]이라고 명명한다. 타(他)를 죽이는 번영은 곧 아(我)도 죽게 되는 번영이다. 따라서 그것은 번영이 아니라 쇠락이고 멸종이다. 공생, 공공선을 추구하는 의미의 글로벌 휴머니즘은 휴머니즘 경제학의 마지막 지향점으로 인류의 평화·번영이라는 개념이 핵심이다.

※ 휴머니즘 경제를 통한 선순환 구조를 위하여

선순환 구조를 만들어내지 못하면 그 어떤 좋은 제도도 무용지물이 된다. 지속성이 없고 생명력이 없는 구조는 일회용이며 한 번

---

158) 전 지구적 민주주의 - '글로벌 데모크라시'에서 착안하였다. 김대중 –『다시, 새로운 시작을 위하여』, 김대중 저, 김영사, 1998.

의 짧은 영화(榮華)에 그치기 때문이다. 따라서 계속적인 선순환 구조의 확립이 매우 중요하다. 양화(良貨)가 악화(惡貨)를 구축하고 선행이 선행을 이끌어내는 선의 연쇄반응을 만들어야 한다. 긍정의 선순환효과라고 할 수 있는데 그 개략적인 뼈대는 다음과 같다.

• 약자를 보듬고 배려함 ⇒ 긍정의 시너지 효과 ⇒ 사회 전체의 이익 증대 ⇒ 경제가 더욱 발전함 ⇒ 발전된 경제력으로 다시 약자를 지원함

따라서 이러한 연쇄반응의 첫 번째 연결고리인 '약자에 대한 배려'가 우선적으로 실현되어야 한다. 그러기 위해서는 사회적 합의와 경제적 지원이 뒷받침되어야 한다. 약자에 대한 배려가 일시적인 자원의 차출로 끝나는 것이 아니라 (자원의 낭비가 아니라) 결국 더 크게 사회 전체의 이익으로 돌아오고, 그것이 또 선순환된다는 사실을 구성원에게 인지(혹은 설득)시킨다면 사회적 합의는 생각보다 어렵지 않다.

이제 이를 실천하기 위한 구체적 방법을 알아보자.

3장 휴머니즘 경제학의 구현

1) 공공의 선 추구

자본사회의 극단적인 모습의 경우 공공선(公共善)과 배치된다. 1% 개인의 극단적 욕망 추구에 의해 99%의 다수가 피해를 입기 때문이다. 그렇다고 1%의 개인을 희생시키자는 말은 더더욱 아니다. 부자든 빈자든 1%를 희생시키는 것이 정당화된다면 누구라도 그 1%가 될 수 있기 때문에 모든 사람이 불행해질 것이다. 따라서 1%의 극단적 욕망 추구는 막되 자발적인 동의하에 (사회적 합의 하에) 오직 공공선을 위해서만 부를 이전시키자. 공공선의 추구 - 그것이 휴머니즘 경제학의 또 하나의 가치다.

2) 민주주의와 휴머니즘 경제학

〈 민주주의 〉

민주주의는 휴머니즘 경제학을 구현하기 위한 사상적·제도적 토대다. 민주주의는 인류역사상 인류가 만든 다양한 정치제도 중에서 (상대적으로) 가장 진보된 정치제도다. 민주주의에는 선거를 통해 권력자가 일방적 독재로 가는 것을 막거나 제어할 장치가 있기 때문이다. 독재는 플라톤이 말하는 철인(哲人)이 하면 선정(善政)이 될 수 있지만 그럴 가능성은 희박하며 만약 불완전한 인간이 하게 되는 경우, (특히 민주의식이 없고 권력욕이 강한 사람이 하는 경우) 틀림없이 폭정(暴政)이 되며 독재로 귀결되어 민생(民生)은 파탄 날 것이다. 즉, 선한 의지를 지닌 철인은 좋은 정치를 구현할 수 있지만 그렇게 될 가능성이 희박하기 때문에 최악인 독재를 피하기 위해 차악(次惡)으로서 민주주의를 택하는 거다.

〈 민주주의에서 파생되는 휴머니즘 경제학 〉

이처럼 현존하는 인류가 만든 최선의 정치제도인 민주주의가 적극적으로 잘 구현될 때 비로소 휴머니즘 경제학은 꽃필 수 있다. 민주주의의 철저한 실현은 휴머니즘 경제학이 꽃피기 위한 튼튼한 토양이다. 민주주의라는 다양성의 바탕 위에 최대 다수의 최대 행복이 휴머니즘 경제학을 통해 실현된다. 정치적으로는 민주주의를 통해 권력자의 잘못된 오판을 제도적으로 최대한 막을 수 있고, 경제적으로는 여유 있는 다수의 공적부조(公的扶助)[159]를 통해 경제적 약자의 안전판을 마련할 수 있다. 따라서 민주주의는 휴머니즘 경제학이 구현될 수 있는 필요 선결 조건이다.

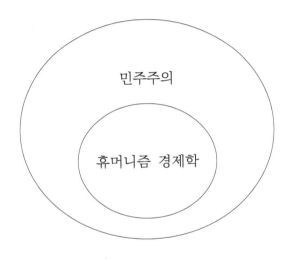

그림-(1) 민주주의와 휴머니즘 경제학의 상관관계

---

159) 국가나 지방자치단체가 국민의 최저생활을 보장하는 제도 – 한컴 국어사전

3) 전 지구적 민주주의

지구의 모든 동·식물, 바위, 바다, 자연 모두가 골고루 평화롭게 공생할 수 있는 민주주의(이는 환경 보호주의로 귀결된다.)가 바로 전 지구적 민주주의 – 소위 글로벌 데모크라시(Global democracy)[160]다. 이러한 전 지구적 민주주의 안에서 휴머니즘 경제학은 피어날 수 있고 앞서 언급한 글로벌 휴머니즘도 가능케 된다. '환경경제학' + '민주주의' = '전 지구적 민주주의'이기도 하다.

4) 환경 경제학

21세기적, 미래 지향적 경제학의 모습은 단연코 환경 경제학이다. 환경 경제학은 전 세계 자연 및 지역 환경 정책의 경제적 효과에 대한 이론적이거나 실험적인 연구를 하는 경제학의 하위분야 – 를 뜻한다.[161] 환경을 살리는 대안을 경제적인 방법으로 분석하고 탐구하여 친환경적인 대안을 제시하는 것이 그 내용이다

결국 인간은 환경에서 시작되었고(자연에서 태어나고) 환경에서 끝난다(자연으로 돌아간다). 인간존중주의는 곧 환경중심주의이다. 그렇기에 환경 경제학은 휴머니즘 경제학과 함께 그 고민을 같이한

---

160) 글로벌 민주주의 – 『다시, 새로운 시작을 위하여』, 김대중 저, 김영사, 1998.
161) 전미경제연구소 - 위키백과

다. 환경 경제학은 앞으로 휴머니즘 경제학의 큰 연구분야가 될 거다. 둘 간의 상호보완적 발전을 기대해본다.

5) 단계별 적용

휴머니즘 경제학의 단계별로 다음과 같이 적용 가능하다.

• 이론의 전파 ⇒ 홍보 및 공론화 ⇒ 사회적 합의 (국민적 동의) ⇒ 정책에 반영 ⇒ 정책 집행 ⇒ 검증 및 보완/수정 (피드백)

우선, 휴머니즘 경제학 이론을 전파하고 홍보하여 공론화한다. 그리고 충분한 논의과정을 거쳐 범국민적 동의(사회적 합의)에 이른다. 이를 바탕으로 정부 정책에 반영시킨다. 그 후 실행과정에서 생기는 시행착오 등을 보완·개선하여 피드백하고 이론을 수정·재정립해나간다. 장기적으로 휴머니즘 경제학의 개념이 국민들의 마인드 속에 점차 자리 잡게 되어 휴머니즘 경제학이 곧 상식(commen sense)으로 통하는 사화가 되었으면 하는 바램이다.

6) 한국 현실에의 적용

오늘의 한국 사회는 야만의 사회 또는 반(反)-휴머니즘의 사회로 급속도로 바뀌고 있다. 한 언론보도를 인용하면 한국 사회는 '공감을 잃은 사회'- 즉 타인의 아픔에 공감하지 않는 사이코패스(혹은 사이코 패시오)의 사회로 향하고 있다고 한다.162) 세월호 유족 앞에서 이를 비난하고 조롱하는 일베들의 광기 앞에서 절망하게 된다. 그래도 희망을 놓고 싶지 않다. 사람을 먼저 생각한다면, 인권을 우선시한다면, 변화는 가능하다. 그 길에 '휴머니즘 경제학'이 아주 작은 도움이 되길 희망한다. 희망은 메마른 대지에 뿌려진 씨앗이기에 겨울지 지나고 봄비가 오면 다시 싹을 틔운다. 늘 그랬듯이. 우리 민족이 다시 하나가 되어 더 이상 전쟁의 공포에 떨지 않으며, 국민 모두가 행복한 도덕적 선진국가가 되어 인류사회에 기여하는 그날을 꿈꾸어 본다.

---

162) '영장류학자의 시선으로 본 공감 능력 부재의 한국 사회', 오마이뉴스, 2015. 2. 2.

4장 더 나은 세상을 위하여

1) 휴머니즘 경제학의 미래 – 다시, 휴머니즘

인류는 궁극적으로는 멸망할 것이다. 영원한 것은 없듯이……. 운석 충돌에 의하던, 환경오염 혹 핵전쟁 등 재앙에 의하던, 끝내는 멸망한다. 그러나 인류가 생존하는 동안은 좀 더 인간적이고 공동체적 가치를 지향하면서 살아가야 할 의무가 있고, 그렇게 살 수 있는 권리가 있다. 그렇게 살아가는 것이 분명코 약육강식, 승자독식의 비정한 경쟁 사회보다 더 많은 구성원이 행복에 이르는 길이기 때문이다. 인류는 지구상에 나타난 이래 점진적 발전을 해왔다. 여러 악습이 폐지되고 여성과 어린이의 권리가 신장되었으며, 노예제도가 폐지되고 아직 미흡하지만 (늘 미흡하다고 할 수도 있고,

가끔씩 퇴보하기도 하지만) 사회는 조금씩 더 나은 곳으로 발전해왔다. 이러한 추세에 따라 휴머니즘 경제학도 인류의 공동선을 추구하는 이상, 점전적으로 개선되고 발전될 거다. 휴머니즘 경제학에서도 여러 분파가 나올 것이며, 정·반·합의 구조로 계속 발전해 갈 거다. 그러나 그 핵심가치인 인간존중, 인본주의 등은 사라지지 않을 거다. 가장 인간적인 것이 가장 보편적이고 가장 진리에 가까운 거다.

다시, 휴머니즘이다.

2) 휴머니스트를 위하여

역사를 크게 이분화하면 (이분화하는 것이 늘 좋지는 않지만) 휴머니즘과 반 휴머니즘의 싸움이었다. 인간적 가치를 지키려는 휴머니스트들은 반(反) 휴머니스트들에게 박해받고 탄압받고 살해되고 온갖 수모를 겪어왔다. 이 또한 현재 진행형이다. 오늘날의 한반도도 마찬가지이다. 인류애를 지닌 많은 우리의 선조들이 쓰러져갔다. 숱한 좌절과 탄압, 전쟁과 학살 등으로 점철된 슬픈 역사였다.

그러나 휴머니스트들은 끝내 승리해왔다. 전투에서는 졌지만 전쟁에서는 이겼다. 당장에는 패배한 것 같지만 그들은 끝내 역사에서 승리하고 인류의 마음속에서 승리하였다. 그들에게 아주 작은 응원을 보낸다. 자신이 올바르다고 믿는 바를 위해, 더 나은 세상

을 위해 탄압과 박해 속에 쓰러져간 많은 휴머니스트들의 영면을
기원한다.

휴머니스트들에게 신의 축복이 있기를.

에필로그

누구나 마음 깊은 곳에 응어리진 아픔을 치유해야 하듯이 사회, 민족, 국가도 마찬가지로 아픔을 치유해야 한다. 이에, 우리가 가야 할 바를 한 문장으로 요약하면 그건 필연코 '아픔 없는 세상'일 거다. 억울한 자 없고, 한 맺힌 자 없고, 약자의 설움이 없고, 슬픔이 없는 세상 말이다. 조금이나마 좀 더 인간다운 세상이 되기를 꿈꾸는 마음으로 이 글을 썼다. 우리나라가 헬조선에서 파라다이스 코리아로 변화되기를 간절히 바란다.

어린 시절, 소년시절, 꿈꾸던 그 시절들. 돌아보면 숨 가쁘게, 괴로워하며, 때론 기뻐하며, 때론 절망하며 견뎌왔던 시절들이다. 또 생각하면 가슴 설레였던 시절이기도 했다. 뭐든 할 수 있을 것 같던 그 시절……. 그리고 시간은 흘렀다. 많이 좌절하고 많이 방황했다. 실패했다고 할 수도 있다. 그리고 스스로를 아직 이해할 수 있다고 감히 말하기엔 이르다. 더 많은 시간이 흘러야 이해할 수 있을까? 아직 알 수 없다.

  그런 내게 경제학이 다가온 것은 운명이었다. 여기 이 책은 그
새롭고도 작은 시작점이다.

  지나고 보면 모든 것이 아름답다고 했던가. 너무도 감사할 일이
많다. 나 혼자의 힘으로 이루어진 것은 아무것도 없다. 이 글이 나
오기까지 도와주신 모든 분들께 고개 숙여 감사드린다.
더 정진(精進)하자.
끝날 때까지 끝난 게 아니다.

  감사합니다. 고맙습니다.

부 록

부록 1. 대통령의 경제학

리더십을 잘 발휘하기 위해서는 분명 당근과 채찍이 필요하다. 지시는 정확하고 간결하게 해야 한다. 책임져야 한다. 보상해야 한다. 모든 사람에게 당근과 채찍이 필요한 것은 아니지만 대체적인 사람들에게는 통용되며 그것이 다수를 리드하는 보편적인 힘이다. 리더십도 나름의 스타일에 맞추어 특화해야 한다. 다른 리더의 흉내를 내도 창조적으로 흉내를 내야 한다. 모방하되 내 스타일로 체화된 나만의 리더십, 그리고 분명한 철학이 있어야 그것이 진정한 리더다. 그것이 제2, 제3의 누구누구가 되는 것이 아닌 유일한 자기 자신이 되는 길이다.

리더를 잘 만나야 그 조직은 흥하고 융성할 수 있다. 나쁜 리더를 만나면 그 조직은 도태된다. 작은 조직도 그럴진대 국가의 흥망성쇠를 좌우하는 대통령 리더쉽은 말할 필요도 없다. 더욱이 한국처럼 대통령 한 사람에게 권력이 집중된 중앙집권적 국가는 더욱 그러하다. 민주화 이후 대한민국호를 지휘했던 리더들은 어떠했는지 그들의 경제성과를 기준으로 살펴보자.163)

군사정부 이후의 대통령들과 그들의 경제성적을 종합적으로 정리하였다. 기본 데이터는 통계청164), 한국은행 경제통계시스템 자료165)를 준용하였다.

---

163) 데이터는 객관적이나 그 판단·평가는 주관적일 수 있음을 밝혀두는 바이다.
164) 통계청 홈페이지 – 국가주요지표 – 경제 참조.
    http://www.index.go.kr/potal/main/EachPage.do?mmenu=2&smenu=21

〈 표-7 각 정부별 총괄 경제성적표 〉

구 분		김영삼 (1993~1998)	김대중 (1998~2003)	노무현 (2003~2008)	이명박 (2008~2013)	박근혜[166] (2013~2017)
1인당 GDP (실질 GDP)[167]	임기초[168]	1,188 (만원)	1,463 (만원)	1,982 (만원)	2,410 (만원)	2,750 (만원)
	임기말	1,463 (만원)	1,982 (만원)	2,410 (만원)	2,750 (만원)	2014년말기준 2,829 (만원)
	증가율% (수치가 클수록 좋음)	+23.1%	+35.4%	+21.5%	+14.1%	(2.8%)
지니 계수[169] (1에 가까울수록 불평등 사회임)	임기초	0.250	0.287	0.275	0.295	0.285
	임기말	0.287	0.275	0.295	0.285	2014년말기준 0.277
	증가율% (수치가 작을수록 좋음)	+14.8%	-4.2%	+7.2%	-3.4%	(-2.9%)
물가 상승률[170]	임기초	4%	7%	3%	4%	1%
	임기말	7%	3%	4%	1%	2015년말기준 1.3%
	증가치% (수치가 작을수록 좋음)	+3%	-4%	+1%	-3%	(+0.3%)
실업률[171]	임기초	2.75%	5%	3.6%	3.2%	3.1%
	임기말	5%	3.6%	3.2%	3.1%	2015년말기준 3.2%
	증가치% (수치가 작을수록 좋음)	+2.25%	-1.4%	-0.4%	-0.1%	(+0.1%)
가계 신용 (가계 부채)[172]	임기초	115조[173]	211조	472조	723조	1,019조
	임기말	211조[174]	472조	723조	1,019조	2015년 말 기준 1,206조
	증가율% (수치가 작을수록 좋음)	+83%	+123%	+53%	+40%	(+18%)
	GDP 증가율 대비 (수치가 작을수록 좋음)	3.59배	3.47배	2.46배	2.83배	(2.14배[175])
코스피 지수[176]	임기초	866	516	592	1,709	2,009
	임기말	540	616	1,686	2,018	2015년말기준 1,961
	증가율% (수치가 클수록 좋음)	-37%	+19%	+184%	+18%	(-2.5%)
종합경제성적[177]		8	21	17	14	(-)
(100점 만점 환산)		33.3점	87.5점	70.8점	58.3점	(-)
종합순위		4위	1위	2위	3위	(-)

---

165) 한국은행 홈페이지 – 경제통계시스템 참조. http://ecos.bok.or.kr/

항목별 점수는 다음과 같다.

〈 표-8 각 정부 경제성과 항목별 평가 점수표 〉

구 분		김영삼 (1993 ~1998)	김대중 (1998 ~2003)	노무현 (2003 ~2008)	이명박 (2008 ~2013)	박근혜 (2013 ~2017)
소득증가 (1인당GDP)	점수	3	4	2	1	평가보류 178)
소득불평등 완화 (지니계수)	점수	1	4	2	3	평가보류
물가 관리	점수	1	4	2	3	평가보류
실업률 관리	점수	1	4	3	2	평가보류
가계부채 관리	점수	1	2	4	3	평가보류
경기지수(주가지수)	점수	1	3	4	2	평가보류
합계 (24점 만점)		8	21	17	14	(-)
100점 만점 환산		33.3점	87.5점	70.8점	58.3점	(-)
종합순위		4위	1위	2위	3위	(-)
평가학점		D	A	B	C	

---

166) 타 대통령은 5년 재임기간을 기준으로 산정하였으나 박근혜 대통령 관련 자료는 이 책의 초판 출간 당시(2016년)까지 산출된 데이터만 사용하였다. 물론 평가에서는 제외하였다.

167) 한국은행, 「국민계정」, 각 년도.

168) 임기초는 각 정부가 출범하는 해, 임기말은 각 정부가 퇴임하는 해를 기준으로 삼았다.

169) 도시 2인이상 가구 기준, 통계청, 「가계동향조사」, 각 년도

170) 통계청, 「소비자물가조사」, 각 년도. 한국은행 ECOS「ecos.bok.or.kr」.

171) 통계청, KOSIS 성별 경제활동인구 총괄 – 실업률 (2000년 이전 자료는 한국은행 자료 참조)

172) 통계청, KOSIS 기계신용

173) 1993년, 1998년 자료가 없는 관계로 1994년, 1997년 자료를 대용한다. - 가계신용통계의 개요와 1997년 동향(조사통계월보 1998년 4월호), 81p 표3

174) 상동

175) 2014년 GDP를 사용하는 관계로 부채 기준도 동일년도 비교를 위해 2014년 말 기준 가계부채 1,085조를 적용하여 계산함. 이 경우 가계부채 증가율 6%, GDP 증가율 대비 2.14배임.

176) 코스피의 경우 일간 산출이 가능하고 변동성도 심해 전 정부 종료일(2월 24일), 신정부 출범일(2월 25일) 기준의 코스피를 기준으로 산정하였다.

177) 각 항목별 순위대로 1위 4점, 2위 3점, 3위 2점, 4위 1점을 부과하여 합산하였다. 모두 1위일 경우 4점 x 6개 항목 = 24점 만점

1) 김영삼의 경제학 (재임기간 1993년 ~ 1997년) : D학점

  오랜기간 민주화를 위해 투쟁하였고 최초의 문민정부 시대를 열었다. 집권 이후 군부 최대파벌인 하나회를 척결하였다(하나회가 척결되지 아니하였다면 여전히 군사쿠데타의 가능성이 빈발했을 거다. 그의 가장 큰 공적 중의 하나다). 이 밖에 역사 바로세우기(전두환, 노태우 구속·처벌 및 5.18 관련법 제정), 금융실명제 실시, 고위공직자 재산공개 등의 공로가 많다. 하지만 87년 단일화 실패, 90년 3당 합당과 그로 인한 지역주의 고착, 임기말 노동법 날치기 통과 등의 과오도 있다.

  경제적으로는 OECD 가입 등 외형적 성과는 있었지만 일관성 있는 경제정책을 보여주지 못했다. 그리고 안타깝게도 종국엔 경제 리더십 부재로 IMF 사태를 맞이하게 되었다.

  재임 시 1인당 실질 GDP[179]는 양호하게 증가하였으나 빈부격차(지니계수)도 크게 증가하였다. 실업률도 2.75%에서 5%로 증가하였고 종합주가지수(코스피지수)는 큰 폭(-37%)으로 감소하였다. 종합경제성적[180) 8점이다. 환산점수로 100점 만점에 33.3점, 4명

---

178) 각주 59번 참조
179) 국내경제의 생산활동 동향을 나타내는 경제성장률 산정에 이용되는 지표. 국내에서 생산된 최종생산물의 수량에 기준연도(현재 2000년)의 가격을 곱해 산출한다. 실질 GDP의 변동분은 가격 변화분을 제거한 순수한 생산수량의 변동분 만을 나타낸다. - 네이버 지식백과 한경 경제용어사전
   http://terms.naver.com/entry.nhn?docId=2064428&cid=50305&categoryId=50305
180) 각주 70번 참조

중 4위이다. D학점.[181]

　임기초반의 많은 정치적 성과에도 불구하고 임기말에 IMF 구제
금융 체제에 들어간 것이 뼈아팠다.

　고은 시인의 『만인보』 중 '김영삼' 편을 소개한다.

김 영 삼

이상한 순풍이었다
행운의 연속
그가 탄 배는 뱃머리가 늘 힘찼다
25세에 국회의원이니
민주당 구파는 벌써 그가 이끌어갔다
이상한 순풍이었다

몇 번의 역려(逆旅)가 있었지만
그것은 다음날
더 좋은 순풍일 따름이었다
그의 뱃머리 수평선은 짙푸르게 힘찼다

70년대에 접어들어

---

181) 필자도 이러한 낮은 평점을 줄 수밖에 없는 점이 개인적으로 안타깝다.

김대중의 상대였다가 동지였다
이때까지만 해도
민주당 구파와 신파 사이의 연장이었다

이윽고 신민당 총재였다
약속장소에 항상 먼저 와 있었다
술 담배 끊고
새벽 달리기를 시작했다
항상 먼저 와
10분 전 혹은 5분 전 먼저 와 있었다

그에게는 이렇게 지키는 것이 있었다
그에게는 편안함이 있었다
하지만 천부적인 전술이라면
그 수준은 누구의 수준인가를 알 수 없다

79년 여름 나는 그에게 달려갔다
그의 직관적인 결단으로
YH노동자들 신민당 강당 농성을 승낙해주었다
그것이 유신체제가 쓰러지는 바퀴소리일 줄이야
그 누구도 몰라야 했다

- 고은, 『만인보』 12권. 창작과비평사, 1996

2) 김대중의 경제학 (재임기간 1998년 ~ 2002년) : A학점

오랜기간 민주화를 위해 헌신하였으며 최초의 평화적 정권교체, 남북정상회담, 노벨평화상 수상, IMF 극복, IT강국 도약이라는 많은 업적을 이루었다. 국민기초연금제 등 복지의 기틀을 마련하였으며 국가 인권위원회를 설립하는 등 인권신장에 힘썼다. 반면, 87년의 단일화 실패 등 일부 과오도 있다.

재임시 IMF 차입금을 모두 상환하여 IMF 체제를 졸업하였으며, GDP 증가비율이 역대정부 중 가장 크다. 빈부격차를 많이 줄였으며 (지니계수 감소), 물가상승률을 잘 관리하고 실업률 감소시켰다. 종합 경제성적 21점이다. 환산점수로 100점 만점에 87.5점, 4명 중 1위다. A학점.

고은 시인의 『만인보』 중 '김대중' 편을 소개한다.

김 대 중

고난이 필요한 시대 그는 고난의 화신이었다

일본 수도의 한 호텔 안에서

토막져 죽어야 했다가 살아났다
현해탄 복판에 던져져
물귀신이 되어야 했다가 살아났다
71년 대통령 선거에서
아슬아슬하게 졌다
그의 파도치는 웅변이
1백만 인파를 지진처럼 흔들었다
그는 혼자서도 1백만 인파였다

그로부터 박정희는 이를 갈았다

70년대 전 기간 그는
그 극한의 고난 가운데서도
밤새워 책 읽고 영어 개인교사를 드나들게 했다

모든 준비를 다 마쳤다

친지와 의논할 때도
라디오 FM을 틀어놓고
도청을 막아가면서
모든 준비를 마쳤다
하지만 오직 하나

그가 바라는 것 대통령이 되는 것만이
아직도 그의 것이 아니었다

박정희 뒤의 어떤 고비에도
그는 삶을 겨자씨만치도 허비하지 않았다
그렇게 정녕
70년대 한국 국민은
한국에서 가장 정밀한 그를 모르고 살 수 없었다

- 고은, 『만인보』 10권. 창작과 비평사, 1996

3) 노무현의 경제학 (재임기간 2003년 ~ 2007년) : B학점

집안도, 연줄도, 학벌도 없는 소위 '비주류 중의 비주류'로서 대통령이 된 입지전적인 인물이다. 지역차별에 맞서고 탈권위주의, 지방분권에 기여했다. 지역감정 해소에 앞장섰으며 김대중 정부의 정책을 계승·발전시켰다. 민주주의와 인권신장을 위해 노력하였다. 간혹 감성이 너무 앞서는 등 말실수로 구설에 오를 때가 종종 있었다. 행정수도 이전이 헌법재판소에 의해 백지화되고 검찰개혁 실패, 정권 재창출 실패가 뼈아픈 과오로 남아있다.

경제적으로는 재임시 소득 2만불 시대 및 종합주가지수 2000시대를 열었다. 물가와 실업률은 잘 관리하였으나 부동산 폭등을 막지 못하였다. 종합경제성적 17점이다. 환산점수로 100점 만점에 70.8점, 4명 중 2위다. B학점.

고은 시인의 『만인보』 중 '노무현' 편을 소개한다.

노 무 현

모든 것을 혼자 시작했다
처음에는 공장에 다니다가
중학교
고등학교
대학을 검정고시로 마친 뒤
사법고시도 마친 뒤

그는 항상 수줍어하며 가난한 사람 편이었다
그는 항상 쓸쓸하고 어려운 사람 편이었다
슬픔 있는 곳
아픔 있는 곳에
그가 물속에 잠겨 있다가 솟아 나왔다
푸우 물 뿜어대며

그러다가 끝내 유신체제에 맞서
부산항 일대
인권의 등대가 되어
그 등대에는
마치 그가 없는 듯이
무간수 등대가 되었다
힘찬 불빛으로
어디 그뿐이던가
사람들 비까번쩍 꽝(光)내는데
그는 혼자 물러서서 그늘이 되었다
헛소리마저 판치는
텐트 밑에서
술기운 따위 없는 초승달이었다
아무래도 그는 진실 때문에
정치를 할 수 없으리라
속으로
속으로 격렬한
진실 때문에

-고은, 『만인보』 13권. 창작과 비평사, 1997

4) 이명박의 경제학 (재임기간 2008년 ~ 2012년) : C학점

4대강, 자원개발, 방위산업 관련 등으로 혈세를 낭비하였다는 비판이 많다. 안타깝게도 강한 추진력으로 대변되는 개인의 성공신화를 국가의 성공신화로 연결시키지 못했으며 재임시 남북관계가 많이 후퇴하였다. 재임 중 천암함 침몰, 연평도 포격 등 안보능력에서도 많은 비판을 받았다. 전직 대통령에 대한 정치수사, 민간인 사찰, 쌍용차 사태, 용산참사 등 논란이 된 사건·사고가 많았다.

경제적으로는 리먼브라더스 파산으로 촉발된 글로벌 금융위기를 잘 막아낸 공이 있는 반면, 재임기간 중 국민소득(GDP) 증가폭은 감소하였고 상대적으로 가계부채가 많이 증가하였다. 종합경제성적 14점이다. 환산점수로 100점 만점에 58.3점, 4명 중 3위다. C학점.

고은 시인의 『만인보』 중 '이명박' 편을 소개한다.

이 명 박

29세 이사
35세 사장
46세 회장

70년대 개발연대기에는
한 샐러리맨이 이렇게 저 밑에서 솟아올랐다

그 이름 이명박
언제나 정주영의 이름 옆에 있었다

부디 그의 신화가 더 이어질수록
개발이 악이 아니라 선이기를
개발이 정치가 아니기를

어디서 잠깐 스칠 때
그 새눈이 먼저 보고
그 새된 목소리가 먼저 나온다
정작 그 무서운 지략과 더 무서운 추진력 곧은 몸 감싸고 있다

- 고은 『만인보』 15권, 창작과 비평사, 1997

5) 박근혜의 경제학 (재임기간 2013년 ~ 2017년) : 평가보류

당선 후 국정원 댓글 등 관권선거 의혹이 계속 제기되었다. 선거에는 능하나 소통에는 능하지 못하고 세월호 사건, 메르스 사태 등 국가적 재난에 리더십을 제대로 발휘하지 못했다. '배신'에 대한 강한 거부감을 가지고 있으며 소통과 관련하여 낮은 평가를 받았다.

경제적으로는 이전 정부부터 늘어나기 시작한 가계부채가 재임기간 더욱 늘어났고, 성장은 둔화되었다. 개성공단 폐쇄조치 등으로 남북경협도 중단되었다.(남북경협 중단과 개성공단 폐쇄가 그녀의 임기중 최대 실책이라고 생각한다) 일부 매체의 언급처럼 정책은 혼선을 빚기도 하였고[182], '창조경제'는 국민 피부에 와 닿는 구체적 경제정책(현 상황에 맞는 경제정책)으로 제시되지 못했다.[183] 각종 경제지표는 하향했으며 청년실업률은 급격히 높아졌다(9.5%).[184] 국민들의 평가도 바닥을 쳤다.[185] 실정을 거듭한 끝에 2017년 탄핵 당한다.

---

182) '박근혜정부 3년, '긴축→부양→리스크관리' 경제정책 오락가락..."구조개혁, 차근차근 추진해야"' - 조선비즈 2016. 2. 26.
http://biz.chosun.com/site/data/html_dir/2016/02/25/2016022500683.html

183) 노태우 정부 시절에 경제부총리와 한국은행 총재를 지낸 조순(88) 서울대 명예교수는 한국재정학회와 서울대 경제연구소 분배정의연구센터가 개최한 '복지와 경제성장'을 주제로 한 공동 세미나 기조연설에서 현 정부의 경제정책에 대해 "박근혜정부가 지난 3년 동안 시행한 경제정책은 대부분 과거 한강의 기적을 이룰 당시 성공했던(썼던) 정책 수단들"이라며 "지금은 국내외 정세가 그때와는 전혀 달라져서 그런 정책으론 성공을 바랄 수 없다"고 말했다. - 헤럴드 경제, 2016. 2. 26.

184) "청년 실업률이 좀처럼 떨어질 줄 모르며 계속 치솟고 있다. 지난 1월 청년 실업률은 9.5%를 기록해 1월 청년 실업률로는 2000년 11%를 기록한 이후 16년 만에 최고치를 기록했다." - KBS NEWS '최악의 청년 실업률, 독일의 해법은?', 2016. 2. 18.

185) "경제 상황에 대한 체감 인식은 상당히 위험 수준인 것으로 나타났다. '지난 1년간 우리나라 경제상황이 대체로 어떻게 변했다고 생각하십니까'란 질문에 '나빠졌다'는 응답이 전체의 60.8%로 과반을 훌쩍 넘었다. 구체적으로 '나빠진 편이다'란 응답이 42.5%로 가장 많았고 '매우 나빠졌다'는 응답도 18.4%나 됐다. 그러나 '좋아졌다'는 응답은 6.5%뿐이었다. 나빠졌다는 응답은 취임 1년차인 2013년에 45.8%, 2년차인 2014년에 46.2%로 과반에 못 미쳤으나 이번 조사에서 60%대로 처음 진입했다" - 한국일보 '국민 60% "안보와 경제 불안"' 2016. 2. 25.

6) 문재인의 경제학 (재임기간 2017년 ~ 2022년) : B+학점

간단히 말해 훗날 국민들은 코로나 위기가 닥쳤을 때의 대통령이 문재인이었다는 것에 정말 감사해하는 날이 올 것이다. 코로나 위기를 투명하고 합리적인 대응으로 잘 극복해 세계적 찬사를 받았다. 일본의 경제보복에도 잘 대처하여 자립의 토대를 세웠다. 남북 관계에서의 주체적 노력에도 불구하고 트럼프의 쇼맨십적 외교정책으로 가시적 성과를 내지 못했다. 코로나 위기로 인한 유동성 확장으로 집값이 폭등한 점이 뼈아팠다.

부록 2. 재테크의 경제학

"돈을 너무 멀리하지 마라. 처자식이 천대받는다."

-이스라엘 속담

"곤경에 빠지는 건 뭔가를 몰라서가 아니다. 뭔가를 확실히 안다는 착각 때문이다."

-마크 트웨인

자본주의 사회에서, 진정한 자유는 경제적 자유에서 시작된다. 이번 장에서 우리의 경제적 자유를 지켜줄 수 있는 주식, 예금, 채권, 부동산, 원자재 등 재태크의 경제학에 대해 살펴보자.

1) 주식의 경제학 - 대중과 반대로 움직여라

주식은 어떤 의미로 일종의 도박이다. 돈을 걸고 돈을 먹는다. 크게 걸수록 크게 벌고 (혹은 크게 잃고) 작게 걸수록 작게 잃는다. '초심자의 행운'처럼 초반에 돈맛을 보는 경우 쉽게 헤어나지 못하기도 한다. 항상 이기는 쪽은 외국인 그리고 기관이다. 개인은 슈퍼개미186)등 소수를 제외하고는 항상 패배한다. 주가가 하락했을 때는 '본전심리' 때문에 손절하지 못하고, 올랐을 때는 '추가상승'을 기대하느라 혹은 돈을 번 것 같은 '착시효과' 때문에 선뜻 매도하여 이익을 실현하지 못한다. 따라서 조금씩 돈을 잃다가 한번에 크게 만회하려고 크게 투자해서 크게 손실보고, 끝내는 집을 담보로 빚내서 투자하다 집까지 날리게 되는 경우도 많다.

따라서 주식은 적절한 이윤의 범위 내에서 이익을 실현하고 장기·가치투자를 하는 것이 안전하다. 그러나 주식이 오를지 내릴지는 신도 모르기에 좋은 주식을 사서 묻어두고 몇 년 이상을 가지고 가야 한다. 농부의 마음으로 좋은 주식을 골라 오래 가져가야한다.187). 주식은 기본적으로 인간의 심리에 역행하기에 개인이 투자에서 성공하기는 아주 어렵다. 온갖 작전과 투기가 난무하는 정글 같은 주식시장에서 오래 살아남는 유일한 방법은 오직 - 장기·

---

186) 주식시장에 기관 못지않게 큰 금액을 투자하는 개인투자자.
187) 『주식, 농부처럼 투자하라』, 박영옥 저, 모아북스, 2010.
　　　『쥬라기의 인디안 기우제 투자법』, 김철상 저, 팍스넷, 2007.

가치투자이다. 아니면 펀드 등 전문투자자에게 맡기는 편이 낫다.

　또 한편으로 주식투자는 심리학이다. 군중의 심리를 어떻게 읽고 좀 더 빠르게 대처하느냐가 중요하다. 대중심리에 휩쓸리지 않고 소신대로 하다 보면 크게 얻기도 한다. 주식투자 심리와 관련한 좋은 글들이 있어서 인용해본다.

　'투자의 달인은 고독을 즐긴다.'라는 시장 격언이 있다. 일반적인 사업에서도, 주식투자에서도 큰 성과를 올리기 위해서는 남들처럼 해서는 안 된다. 남이 하지 않는 것을 해서 그게 잘되었을 때 큰 성과를 올릴 수 있다.'188)

(주식의) 인기는 군중심리에 의한 것이다. 군중심리는 사람들이 냉정히 생각하지 못하고, 이리저리 휩쓸리거나 충동적으로 행동하게 만든다. 생각지도 않았던 것이 이상할 정도로 인기를 끌거나 또는 그 반대 현상이 일어나기도 한다. 그러나 인기는 언젠가 끝나는 법이다.189)

"주식을 할 때 힘든 일 두 가지는 손실을 감수하는 것과 얼마 안 되는 이익으로 만족하는 것이다. 그러나 무엇보다도 가장 힘든 일

188) 『주식에서 성공하기 위한 심리학』, 니시노 다케히코 저, 윤성규 역, 지식여행, 2009, 23~24p
189) 같은책 112p

은 독자적인 생각을 갖는 것과 다수의 사람이 하는 행동과 반대로 하는 것이다……

……경영학자나 경제학자 등 전문가는 주식을 멀리해야 한다. 과학적인 방법으로 접근하려는 사람에게 주식은 위험한 함정과도 같기 때문이다. 그들을 위해 내가 해줄 수 있는 것은 단테의 말을 인용하는 것뿐이다. '이곳에 들어서는 자들이여, 모든 희망을 버려라!'……

……평상시에 철저한 낙천가이던 사람이 비관론자가 되는 날은 증시가 전환점을 이룰 확률이 대단히 높다. 물론 그와 반대로, 확고한 비관론자이던 사람이 낙천가로 바뀌는 경우에는 되도록 빨리 주식에서 발을 빼야 한다."190)

"회사가 가장 어려운 시기에 있을 때가 그 회사를 사야 되는 가장 좋은 때다……

……오늘의 투자자는 어제의 성장으로 수익을 내지 않는다."191)

---

190) 앙드레 코스톨라니 (1906 ~ 1999) : 헝가리 출신으로 유럽 전역에서 활동한 투자의 대가. 대표저서로 '돈, 뜨겁게 사랑하고 차갑게 다루어라'가 있다. - 위키백과
191) 워렌 버핏 (1930 ~) : 투자의 귀재라고 불리며 20세기를 대표하는 미국의 사업가이자 투자가이다. -두산백과

2) 예금 / 채권의 경제학

주식의 불안함에 비해 금리는 낮아도 안정적인 것이 예금, 채권이다. 보수적 투자자들이 주로 선호한다. 예금의 경우 예금자보호법의 규정인 5천만원 이하에서는 원금손실의 가능성이 없다는 데서 상당한 이점이 있는 매력적인 투자처다. 이자에 이자가 붙는 복리효과도 누릴 수 있다. 다만 금리는 더더욱 하향하는 추세이고, 원금이 상당히 크지 않은 이상, 낮은 이율 때문에 받을 수 있는 이자가 제한적이라는 게 흠이다.

채권은 금리 이상의 수익을 얻을 수는 있지만 예금보다는 덜 안전하고 주식보다는 안전하다. 예금과 주식사이에 중간적인 위치에 있다. 보수적인 투자자라면 시중은행은 중 그나마 금리가 높은 곳에 복리식으로 예금(저축)하고 보조적 수단으로 채권에 투자하는 것이 안전하다. MMF[192]나 CMA[193]등 단기 우량채권을 활용하는 투자도 (일반채권투자보다) 상대적으로 안전한 투자처다.

---

192) MMF (Money Market Fund) : 단기금융상품에 집중투자해 단기 실세금리의 등락이 펀드 수익률에 신속히 반영될 수 있도록 한 초단기공사채형 상품
193) CMA (Cash Management Account) : 고객이 맡긴 예금을 어음이나 채권에 투자하여 그 수익을 고객에게 돌려주는 실적배당 금융상품

※ 예금과 주식의 수익성 비교

　예금과 주식의 수익성을 비교해보자. 주식으로 돈을 따고 잃을 확률을 반반으로 가정하자. 확률의 게임은 회를 거듭할수록 게임자에게 불리하게 작용한다. (물론 일시적으로는 큰 이득을 얻을 수도 있지만 장기적으로는 조금씩 이득의 크기가 줄어들어 0으로 수렴할 것이다.)

　예를 들어, 100원을 예금하면 연 1%의 이자를 얻고, 같은 100원을 주식에 투자하면 50%의 확률로 원금이 2배가 되거나 50%의 확률로 원금을 잃는다고 가정하자. 1년이 경과하면

● 예금투자 : 예금으로 얻는 원금 + 이자의 총합 = 100 + 1 = 101원

● 주식투자 : 주식으로 얻는 원금 + 수익의 총합(기대값) = {(200 x 1/2) + (0 x 1/2)}/2 = 100원

결국 예금 〉 주식이다. 1년 동안 수없이 사고파는 거래비용(시간, 노력)과 수수료까지 감안하면 예금 〉〉〉〉 주식이 된다. 따라서 제로금리 이상이면, (설령 제로금리라 해도) 확률적 기댓값은 예금이 주식을 앞선다. 따라서 주식으로 돈을 벌 확률이 51%이상인 경우에만 예금보다 주식을 권할 수 있다.

"돈을 두 배로 불리는 가장 안전한 방법은 돈을 반으로 접어 주머니에 넣는 것이다."

- 킨 허바드

3) 부동산의 경제학

부동산은 고정 실물에 투자하는 것이므로 디플레이션 기간에도, 혹은 인플레이션 기간에도 실물가치가 훼손되는 것은 아니므로 투자가 상대적으로 안정적이다.(소위 말하는 부동산 불패신화) 그러나 거품 상승기에 입지가 나쁜 매물은 거품이 걷히면 제일 먼저 폭락한다. 따라서 금리 등과 비교하여 거품 없는 적정가의 부동산만이 투자대상이 될 수 있다. 주변 시세, 교통, 학군, 조망, 일조, 발전(개발) 가능성 등 여러 가능성을 고려하여 투자대상을 선정해야 손실을 피할 수 있다. 당연한 얘기지만 묻지마 부동산투자는 필패한다. 거품은 반드시 꺼지고, 기복은 있겠지만 가격은 결국 가치에 수렴한다. 부동산도 그렇고 주식, 채권도 그렇다. 저평가된 주식, 채권, 부동산에 투자해서 적정가치가 될 때 파는 것이 최선이다.

4) 금 / 원유 / 기타 원자재의 경제학

지구상에 매장된 금 및 석유등의 원자재는 공급이 한정되어 있으므로(매장량불변) 수요에 따라 충분히 오를 수도 있는(폭등할 가능성도 큼) 반면 수요가 급감할 경우 급락할 가능성도 있고 변동도 심하다. 다만 고정된 공급 대비 수요는 증가 가능성이 크므로 대안적 투자처로 이점이 있다. 단, 유가의 경우 획기적 대체에너지의 개발 시 폭락의 가능성도 크다. 어디까지나 금, 석유, 원자재는 보조적 투자수단이어야지 주된 투자수단이어서는 안된다. 변동 리스크가 너무 크므로 주된 투자처로서는 피하는 것이 좋다.

이상을 투자 순환주기에 따라 정리하면 다음과 같다.

〈 투자시계로 본 투자대상194) 〉

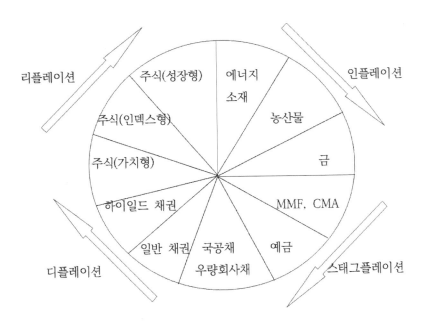

---

194) '그리스 안도랠리 구간 한국증시 투자시계는 7~8시' - 투자시계로 본 투자대상 - 매일경제 MK, 2012. 6. 18. 에서 일부 수정.

- 인플레이션 : 물가 수준이 전반적으로 상승하는 현상

- 스태그플레이션 : 경기침체와 물가상승이 동시에 나타나는 현상

- 디플레이션 : 물가가 떨어지고 경제 활동이 침체되는 현상

- 리플레이션 : 통화 재팽창. 디플레이션에서 벗어났지만 아직은 심한 인플레이션에까지는 이르지 않는 상태임

- ELS(Equity Linked Securities) : 주가연계증권으로 개별 주식의 가격이나 주가지수에 연계돼 투자 수익률이 결정됨

- ELF(Equity Linked Fund) : 주가연계펀드의 약자로 증권사가 운용하는 ELS를 4종 이상 묶어서 운용하는 펀드

- MMF (Money Market Fund) : 단기금융상품에 집중투자해 단기 실세금리의 등락이 펀드 수익률에 신속히 반영될 수 있도록 한 초단기공사채형 상품

- CMA (Cash Management Account) : 고객이 맡긴 예금을 어음이나 채권에 투자하여 그 수익을 고객에게 돌려주는 실적배당 금융상품

- 끝 -

참고문헌

1. 도서

『맨큐의 경제학』, N. Gregory Mankiw 저, 김경환·김종석 역, 교보문고, 2005
『다시, 새로운 시작을 위하여』, 김대중 저, 김영사, 1998
『백범일지』, 김구 저, 돌베게, 2005.
『김대중 자저선』, 김대중 저, 삼인, 2010.
『장정일의 공부』, 장정일 저, 랜덤하우스코리아, 2006.
『경제학원론』, 이준구·이창용 저, 법문사, 2005.
『코리아, 다시 생존의 기로에 서다』, 배기찬 저, 위즈덤 하우스, 2007.
『그대가 곁에 있어도 나는 그대가 그립다』, 류시화 저, 푸른숲, 2002.
『트렌드 지식사전』, 김환표 저, 인물과사상사, 2013.
『주식, 농부처럼 투자하라』, 박영옥 저, 모아북스, 2010.
『쥬라기의 인디안 기우제 투자법』, 김철상 저, 팍스넷, 2007.
『주식에서 성공하기 위한 심리학』, 니시노 다케히코 저, 윤성규 역, 지식여행, 2009.
『반 고흐, 영혼의 편지』, 신성림 역, 예담, 2005.
『대한민국은 왜?』, 김동춘 저, 사계절, 2015.
『설득의 심리학』, 로버트 차일디니 저, 21세기 북스, 2013.
『자유를 향한 머나먼 여정』, 넬슨 만델라 저, 김대중 역, 아태평화출판사, 1995.
『나는 빠리의 택시운전사』, 홍세화 저, 창작과 비평사, 1997.
『김대중 어록』, 정진백 역, 서예문인화, 2010.
『만인보』 10권, 고은 저, 창작과 비평사, 1996.
『만인보』 12권, 고은 저, 창작과 비평사, 1996.
『만인보』 13권, 고은 저, 창작과 비평사, 1997.
『만인보』 15권, 고은 저, 창작과 비평사, 1997.

『나무야 나무야』, 신영복 저, 돌베게, 1996.
『나, 스티븐 호킹의 역사』, 스티븐 호킹 저, 전대호 역, 까치글방, 2013.
『거꾸로 읽는 세계사』, 유시민 저, 푸른나무, 2008.
『말콤X (자서전)』, 알렉스 헤일리 저, 심대환 역, 1993, 세기
『외로우니까 사람이다』, 정호승 저, 열림원, 2011.
『즐거운 나의 집』, 공지영 저, 폴라북스, 2013.

2. 논문

'행복지수 연구를 통한 사회합의의 방향', 연세대학교, 2014.
Helliwell John, Layard Richard, and Sachs Jeffrey. eds. 2013. "World
Happiness Report 2013", Figure 2.3 : Ranking of Happiness :
2010-2012 (Part I) pp.22-24.
CIA. 'Distribution of family income - Gini index', CIA libray, The
World Fact book.
〈https://www.cia.gov/library/publications/the-world-factbook/fields/2
172.html〉
World Bank. 2012. 'Gross national income per capita 2012, PPP',
Data Catalog, 〈http://datacatalog.worldbank.org/〉, 단위 :
international dollas - 국가 간 소득과 물가를 반영한 비교
Transparency International. 2012.'Corruption Perceptions Index
2012'. 〈http://cpi.transparency.org/cpi2012/results/〉

3. 언론보도

'헬조선' 탈출 꿈꾸는 청년들 ① 2030세대 90% "이민가고 싶다"- 헤럴드경
제, 2016. 1. 18
'부모도 모르는 딸의 임신, 대형마트는 알고 있다'- 한겨레신문, 2016. 2. 11
'2심 결정적 증거' 외면한 대법원, 1심 판결 손 들어줬다 - 경향신문 2015. 7. 17

'전교조 종북집단' 주장은 명예훼손. 배상해야'- SBS 뉴스, 2015. 9. 10

'30대 그룹 후계자 10명 중 3명 군대 안 갔다'- 시사저널 2015. 7. 16

'분노의 흐름'- 박노자, 한겨레신문, 2015. 7. 7

"부모 재력이 곧 자녀 학벌···'성공 사다리' 사라지나?"- YTN, 2015. 9. 14.

'덴마크 웨이터가 한국 의사보다 행복한 이유'- 오마이뉴스, 2014. 10. 6.

'국제인권단체들 – 북한인권상황 악화'- 노컷뉴스, 2016. 2. 16.

'아동 학대 사망자, 더 있을 가능성도' – KNN, 2016. 2. 15.

'두 딸 방임' 엄마 "큰딸 학대로 사망··· 경기도 야산에 매장" 자백 – 머니투데이, 2016. 2. 15.

'그리스 안도랠리 구간 한국증시 투자시계는 7~8시': 투자시계로 본 투자대상 – 매일경제, 2012. 6. 18.

"알파고가 이긴다고 인간의 존엄성이 무너지는 건 아냐": 진중권 – 뷰스앤뉴스, 2016. 3. 10.

'인문학에 대한 이중잣대'- 경기일보, 2015. 10. 27.

'양향자 상무, 더불어민주당 입당'눈물' "나처럼 노력하라는 것이 아니다."'- 중앙일보, 2016. 1. 12.

'영장류학자의 시선으로 본 공감능력 부재의 한국사회'- 오마이뉴스, 2015. 2. 2.

'박근혜정부 3년, '긴축→부양→리스크관리' 경제정책 오락가락···"구조개혁, 차근차근 추진해야"- 조선비즈, 2016. 2. 26.

'최악의 청년 실업률, 독일의 해법은?'- KBS NEWS, 2016. 2. 18.

'국민 60% "안보와 경제 불안"'- 한국일보, 2016. 2. 25.

'DJ 서거 김우창 추도사'- 한국일보, 2009. 8. 18.

'사교육, 가정파괴범이 되다' – 시사저널, 2016. 3. 3.

"혼밥·혼영·혼술·혼곡 ···'나홀로 문화' 쿨하게 즐긴다" – 문화일보, 2016. 3. 8.

4. 인터넷 및 기타 참고 자료

통계청 홈페이지 : http://kostat.go.kr/portal/korea/index.action

한국은행 홈페이지 : http://www.bok.or.kr/main/korMain.action

인터넷 위키백과 : https://ko.wikipedia.org/
네이버 지식백과 : http://terms.naver.com/
네이버 지식백과 - 박문각 시사상식사전, 두산백과, 한경 경제용어사전, 경제
학사전, HRD 용어사전, 교회용어사전
네이버 캐스트 : http://navercast.naver.com/
Daum 어학사전 : http://dic.daum.net/
Daum 백과사전 : http://100.daum.net/

- 감사합니다 -